U0633181

理性人

刘京洋◎著

中国文联出版社
http://www.clapnet.cn

图书在版编目（CIP）数据

理性人 / 刘京洋著 . — 北京：中国文联出版社，
2017.7（2024.8重印）

ISBN 978-7-5190-2910-4

Ⅰ.①理… Ⅱ.①刘… Ⅲ.①个人社会学—研究
Ⅳ.① C912.1

中国版本图书馆 CIP 数据核字 (2017) 第 179751 号

理性人

著　　者：刘京洋	
出 版 人：朱　庆	
终 审 人：金　文	复 审 人：王　军
责任编辑：郭　锋	责任校对：王洪强
封面设计：凤凰树文化	责任印制：陈　晨

出版发行：中国文联出版社
地　　址：北京市朝阳区农展馆南里 10 号，100125
电　　话：010-85923033（咨询）85923000（编务）85923020（邮购）
传　　真：010-85923000（总编室）　010-85923020（发行部）
网　　址：http://www.clapnet.cn　　　　http://www.claplus.cn
E-mail：clap@clapnet.cn　　　　　　guof@clapnet.cn
印　　刷：三河市宏顺兴印刷有限公司
装　　订：三河市宏顺兴印刷有限公司
法律顾问：北京天驰君泰律师事务所徐波律师
本书如有破损、缺页、装订错误，请与本社联系调换

开　　本：880×1230	1/32	
字　　数：171 千字	印　张：8.25	
版　　次：2017 年 10 月第 1 版	印　次：2024 年 8 月第 3 次印刷	
书　　号：ISBN 978-7-5190-2910-4		
定　　价：42.00 元		

序　言

孙德寿

纵览人类五千年文明进程，伴随着持续的发现与征服，世界在融合的道路上速度越来越快，科技助推下的加速度更是越来越大。地球村从一个空间概念逐渐演变为社会学概念，空间融合的过程也伴随着影响更深远的文化融合、制度融合。空间的融合在科技快速突破的背景下，已完全不是问题，但文化、制度的融合却不是那么的顺畅，一路充满了征服与抗争，甚至是暴力与血腥。从原始社会对活动领地的争夺，到各宗教和族群之间的相互征服，再到如今美国的美国优先，无论这些融合是主动还是被迫。

大融合造就了这纷乱复杂的世界，各种事件和现象错落交织，似有关联而又相互矛盾，对于绝大部分人而言只能乱花渐欲迷人眼般的停留于表象的精彩纷呈，而难以缕清其间规律。第一次看本书的初稿，突然有了洞若观火感觉，作者试图用一个程序员的思维去解构这个世界，将其分解为最基本的 0 与 1，然后再用一套程序重构这个社会。在这个解构与重构的过程中，感性与理性就是他的 0 与 1，本书可看成是为这世界建了个模型。建模的程序来自于对历史、对社会、对个人、对集体的深入观察与思考，这个世界运行所涉及的政治、经济、军事、宗教、文化、科技、生活、艺术、情感等方面面构成了建模所需的大数据。对未来的一个个预测，便是这个庞大的世界模型模拟运行的结果。

　　人体的各个器官按照一定的规律独立运行着，血液和神经将这种相互独立互相联系，再依靠皮肤骨架将分散最终组合成一个富有创造力，时时变化着而又有规律可循的整体。个人是社会最基本的细胞，家庭是社会运行的基本单元，信仰是维系社会的纽带。信仰不是某种宗教，而是对一种价值观的普遍认同和践行，西方的信仰普遍是宗教体系，中国的信仰是更多是道德体系。不管是宗教体系还是道德体系，他都起到了将个体和集体联系在一起并发生关系的枢纽，如人的大脑之于各组织器官的作用。社会与世界，虽大，虽杂，但必有其运行规律，千百年来无数仁人志士怀着治大国如烹小鲜的愿望苦想冥思，试图总结归纳其间奥妙。不同的探索者，因为知识背景和人生阅历的不同，眼里的世界大不相同，所能剖析的深入程度也各有所限。一些人探索信仰与信仰之间的规律，一些人探索国家与国家之家的规律，一些人探索个人与个人的规律，但如何完成个体行为到国家战略这种跨越的规律探索，古今鲜有佳作。

　　个体之间的合作与冲突就组成了我们身处其间的生活，信仰之间的合作与冲突一直是国际整治的主旋律，不论是十字军东征的暴力，还是欧洲文艺复兴的解放，抑或中国几千年华夏文明的传承，都离不开各种信仰体系之间的发展、碰撞与融合。中美、美欧、美俄、俄土关系时晴时阴，让人琢磨不透；美国大选看似铁定当选的希拉里最终折戟沉沙，还不如雾里看花；特朗普新政引来大批嘲笑与质疑，真傻还是大智若愚。我们个人吃饭睡觉赚钱谈恋爱，又跟上面这些和我们不着边际大事有什么关系呢，这么大的跨越，能找到统一的规律吗。诚然这是一个极其难以完成的任务，即使找到了，能不能经受检验并得到社会的一致认同又是个极大的问号。在本书中作者用"感性"与"理性"两个变量贯穿个体与集体，对于个体来说，感性与理性是容易理解的概念，但对于集体来说，理解起来较难，这也是阅读本书的一个难点。这个过渡缺乏足够的论据和平滑的过渡，使得本书读起来枯燥乏味，需要加入大量的个人思考和阅历才可能读完全文，枯燥过后可能让你豁然开朗，为你睁开一双新的眼镜看世界。

作者是我多年的好友，相识于少年时对未来的狂想，相知于步入社会后对世界的思考，岁月相伴，一路见证着他的蜕变。如此庞大的世界，哪怕最强大的 AI 也无法模拟出其运行的真正规律，但作者以理性与感性为基本的影响因子来解构再重构这个社会的尝试为我们看世界提供了一个全新的视角。本书的写作思路与行文架构较为独特，其逻辑推理的严谨程度与严肃的史学或政治学论著想去甚远，表述方式的可读性与让人爱不释手的畅销书亦天上地下，更多算是高度提炼和归纳的读书笔记。这背后又是他十余年来在几千本经典著作中洒下的日日夜夜，也是脑海中酝酿和沉淀下的亿万思考，跟是对我们身处这纷乱复杂世界的细致而深刻的观察。诚如作者所说，对历史和现实的解读，怎么说都有道理，但

理性人

对未来的预测只有对和错。本书对于当前热点问题、社会关系、思想浪潮和曾出现的"黑天鹅"事件等现象都做了直接明确的解读，时间是检验本书所提理论和分析方法最好的手段，是一本普通的读书笔记还是多年后被挖掘出来奉为经典的谋略学论著，交与后人评说。

（作者单位：温氏投资）

前　言

　　本书从理性与感性辩证的角度出发，试图分析人类社会各种现象的形成原理。我是一个共产主义者，是一名党员。我读到《资本论》的时候是非常崇敬的心态，马克思对社会的思考，引领了一个时代。我对马克思主义的理解过程也是伴随着他之后时代的发展，人类世界对共产主义实践的总结而逐渐体会出一些新的东西。

　　我们知道近代先进的社会制度大都产生于西方，伟大的理论思想却大都产生于东方。马克思作为一个西方人，从文化根底上更侧重于制度性的、现象性的，属于西方传统的实验科学。但是人文感情不可能脱离于社会，你在实现伟大梦想的时候必须要兼顾人们心理水平的发展。客观主义者，不讲人情，只讲道理。但是感情是每个人的必需部分，一个描述社会原理的著作，不考虑感性成分，我觉得是不够充分的。

　　没有人可以脱离历史生存，无论是决策者个人还是统治阶级集体，还是整个国家的人民，人生观和价值观都会受到历史文化因素的极大影响，没有人可以不受教育而忽然变成另外一种人。社会是连续的传承的，所以历史应该是社会学的惯性因素。

理性人

而人群组成的集体是人与人互相交互，进而发展出集体之间相互交互的现象，所以社会的根本在于个体。

每个个体都离不开社会，否则集体就不能称之为社会，所以社会的现象来源于个体之间和个体与集体的交互。

集体之间的交互就是我们今天所熟知的公司竞争和国际关系。

集体与自然环境之间就是我们也经常听到的资源政治，还有自然环境对早期集体性格的巨大影响以及其对历史的塑造。

历史、人人、人与集体、集体与集体、集体与自然，这五者的内在关系，就是本书贯穿的核心现象。但是社会学的根本在人，生理、感性、理性、自然这四个客观存在的物质现象是一切的交互现象的根本原因，而感性与理性又是主观能动性的辩证双方，是本书的核心理论基础。

本书会首先以概览的，发表看法但是不评论对错的角度展览部分关键历史，然后探讨人性与集体。集体是本书的核心，集体前推就是世界的发展，集体向后就是历史。"长期看我们都死了"，但是集体没死，人类可以不死。

本书不是一本科班的社会学论著，而是以一个普通的观察者的角度对社会的观察和思考，更多的是对于阿西莫夫心理史学的一些深入思考。有一些类似于《乌合之众》的情况，或者说是某种意义上社会物理学的研究，所有的观点都是个人观点，大部分并没有充足的数据作为支撑，没有采用科学的方法论的论证方法，也就是说类似于社会学里的心理主义，所以对内容论点有争议是很正常的，我接受所有的批评，我也相信会有人认可并且能够共鸣。我不是严肃的社会学家，自阿西莫夫之后，国外很多机构和个人都从不同的角度发出了不同的声音，本书融合了社会学、集体心理学和阿西莫夫心理史学，但是阿西莫夫心理史学本身也不是一个单一学科。

　　本书的最大特点是既有回看历史，也有分析现在的社会，但预测未来才是重心。我一直认为分析历史，怎么解释都可以观察现在，也有无数的解释没人能反驳。但是预测，一旦发生了那就是真实地发生了，那就是价值的代表。书中的许多观点会被认为是异想天开，如果你正打算阅读本书，就当看个故事吧。

目 录

第一章 再看历史

第二章　理性原理

第三章　生产力和生产关系

第四章　国家集体

第一章　再看历史

第一节　中国史概要

部落时代

  华夏民族是有熊和神农部落合并，差一点被蚩尤部落灭掉，但是反而把蚩尤灭掉了。论打仗是打不过的，但是老祖宗用事实告诉我们，打仗要靠脑子和我有你没有的高科技。于是选出了百族长：轩辕黄帝。

  世界上最早的统一，虽然只有上百个部落，最多也就几万人，分布在很小的地方。但是当忽然的强势人物将他们结合的时候，周围的所有遇到的部落全部是独立的一个个小部落，于是数量和科技的悬殊差距使得周围迅速同化、消灭。直到占领整个中原，松散的组织架构使得很多部落走向越来越远的地方，走到哪里就征服哪里，因为根本遇不到能够抵抗弓箭、墙和农耕的部落。然后在东方遇到了同样在崛起并形成有效联合的东夷诸部。这是华夏传播过程中遇到的第一次像样的抵抗。

这个过程是一个民族的快速上升期，几千年后，西方进入美洲也是一样的现象，只是更快，抵抗显得更无力。

封建时代

也正是东夷的抵抗促进了华夏政权的第一次更迭，周朝来了。由夏到周是华夏文化的文艺复兴时代，东南西北各个方向都遇到了发展出截然不同文化的种族，并且都开始形成了相当规模的合作联合。于是一大批人开始思考，我们到底是什么？我们到底要干什么？我们去周围遇到阻力了还要不要去，该不该去？周所代表的先进知识分子给出的答案是：我们是华夏国，我们要分封，否则没法应对周围那么多其他部落。

这次周的分封稳定确立疆土的同时，也让周围的少数民族快速发展。文化开始交流，而不是快速地扩张、征服和同化。因为周围已经都遇到阻力了，除了南方，大量的华夏族向南方迁徙，形成一个一个新的部族，遇到百越停止，然后楚横扫六合。庞大的发展空间，让楚一支就具备和华夏整体相当的体量。在西方，发展到陕西后遇到了大山和高原，地形的巨大差异使得文化和科技优势不足以抵消。北部遇到了不适合农耕的草原，农耕文化也无法传播。

周是华夏民族遇到瓶颈期的一次大爆发，创建了中华民族最核心的文化，定义了中国人的概念。他之所以会定义，也正是因为出现了能够匹敌自己的对手，否则永远只有人类一个概念。华夏文化是在资源受限的情况下被迫建立的，否则所有的问题永远都可以通过扩张解决。逆境，永远是一个民族发展的原始动力。

于是，我们熟知的春秋战国开始了。春秋战国是周末的思想运动的高潮，一个一个高潮地到来。就像文艺复兴时期的欧洲，中华大地在科技、军事思想、政治思想、农业、文化等全方面大跨步地整合和发展。战国时期四种并存的中华文化定义：齐鲁文化、中原文化、秦国的法家文化、南楚文化，直到秦国一统而终止。四种文化都不同，但是很多地方相同。这之后，中华民族从中原拓展到了巴蜀、东夷、吴越。在东南方向几乎全部收下，向南直到遇到大丛林和炎热天气，才在越南停止。

同期，北方华夏没有过去的草原出现了草原文化，成为华夏文化千百年的主要对手。西部和北部此时华夏处于守势。华夏自始至终擅长的都是技术和文化，并不太能吃苦和适应恶劣地形和天气。

帝王时代

汉是华夏文化的最高潮，也就是我们成为汉人的原因。往北把草原民族打到贝加尔湖，往西顺着河西走廊一直打到周围全是高山和沙漠，往南进一步进军西南，消灭夜郎文化，但是西南的同化由于远离中心进度比较慢。然而，军力的强盛改变不了农耕文化本质，草原把匈奴打走了，汉人也不能守、不能住。并且在汉末，华夏族迎来第一次最大的危机："五胡乱华"。

晋时代,华夏迎来了第二次文化高潮:魏晋风骨。这是华夏文化自然发展的结果,如果没有外族中断,华夏族在千年前就处在性解放和各种哲学前沿了。这种文艺集中创新的环境,很可能爆发巨大的思想和科技革命,但是却在政治上搞砸了。

胡汉时代

三国时期的内乱和晋朝的文化改革造成的混乱,让华夏人口从 5000 万下降到 800 万,几乎全灭,此时中原胡人也有 800 多万,中原地区已经是平分局面。各路西戎下山,北狄南下,东北鲜卑也从燕国进入中原。北方汉人几乎全灭。到最危急的时刻,北朝 900 万胡人,南朝 200 万人口中也有近一半胡人。

但是这都没关系。百万鲜卑进洛阳之后,据史料,后面汉使北访,景象竟然与汉朝无异!隋唐本身就是鲜卑族建立的国家。真正的汉族基本退守南粤,也就是今天的潮汕人(秦人)和客家人(晋人)。除此以外,中华大地,胡汉众多民族通婚,但是都只能使用当时最先进的华夏文化,新汉族诞生,这时的汉族已经没有血统一说了,只有文化,认同汉文化的就是汉族,我叫这之后的中原大地是胡汉时代。

如果我猜得不错,最早的汉人应该是白种人,但是头发是黑色的。

胡汉高潮

　　隋唐把胡汉文化的军事实力发挥到了极致，隋唐时代既有先进的华夏文化，又有先进的胡汉战斗力，综合国力到达顶峰。应该说唐朝是所有统一朝代中最尚武的朝代，但是长期的华夏文化生活后，最终还是文化战胜尚武，中国又进入华夏文化独大的宋。

　　宋一统胡汉初期的军事分裂，在文化上就进行了大手笔的创新。这次的创新是融合了成千上万部族的文化，以华夏文化为核心的大融合创新。北宋时期，天下就是北宋，北宋就是天下。与北宋相比，世界其他任何地方都是原始社会。所以，如果从文化和血统上综合讲，我们也可以叫宋族。

蒙金时代

　　华夏文化的高潮又被北方游牧民族中断。蒙金先后屠戮胡汉，先后融入胡汉，这之后还是胡汉的原因使蒙金的军队强大，但是人口太少，不足以在血统上改变汉族，只能在文化上影响汉族。所以汉族文化又会融合一部分蒙金的草原特点，典型体现在文字和语言上，礼仪和社会制度上影响就很小了。

近代现代

　　清末，胡汉文化发现了西方文化，像当年胡人发现华夏文化一样，迅速开始同化。但同化进程被新的潮流打断，新中国建设的过程中，我们进行了一场文化再造，彻底斩断中国同西方文化的联系，对华夏文化进行了一次大手术，这之后，中国人回到起点重新审视。改革开放后，同时学习西方和华夏文化时，两方文化不相伯仲，最后还是华夏文化胜出，并且大量吸收西方文化。中国文化进入再造井喷期。

可以看到，华夏文化的大发展，从夏末开始，到春秋快速发展，到汉达到高潮。然后融入百胡军事文化，继续前进，在隋唐形成胡汉高潮，到宋回归文化高潮。然后融入蒙金文化，没等蒙金文化的高潮到来，世界一体化打断了进程。最后融入世界文化，直到今天。按照历史规律，华夏文化再有百年就会迎来下一个高潮。这是华夏文化的铁律，也是胡汉民族的发展铁律。接下来的汉族就不是胡汉了，而是主动吸收融合部分西方文化的现代中华文化。

改变的中国

清末，中国完成了最和平的一次政权交接，北洋军队既有军阀的老一代江湖气息和依然对人民的不尊重，但已经开始在国家利益上毫不含糊，对知识分子尊重。中国宋之后的一次文化高潮开始。从这之后，大体量的中国变化之快，转身之彻底，让人匪夷所思。从极端的封闭到极端的开放，到深受西方世界和苏联影响，又到兼容并包的中国特色，"文革"和改革开放这种激烈的文化变迁运动，让中国一代人一个样，一代人一个价值观地来到现代。携带了全世界近代的文明。

30年的时间，中国民间完成了互联网、电子、电磁波通信、卫星、商品房、金融系统、高铁、航空、人才市场、城市化、教育这些重要领域从无到高度发展的过程。经历了这一切的这一代人现在正好30岁。他们最大的精神就是面向变化，

最大的诉求就是剧烈地改变现在，最大的特点就是永远不满足，理性地追求利益最大化，最大的梦想就是通过剧烈的改变成就自己。改变，是中国崛起的最大动力。这一代人，是中国后续更猛烈改变的最大资本。

中国的剧烈变化是发展带来的，也是国际环境不断地为中国创造条件带来的，也是国家决策者适时抓住机遇带来的。他们都在特定的时期在特定的环境下用特定的性格为特定的中国做出了巨大贡献。

走到今天，国际环境依然在快速激烈变化，生产力也在快速发展，内部政体也没有自锁，在适时地适应变化甚至引领变化。中国下个阶段的瓶颈是在遇到没有可以借鉴的时候，自身的变化能力，也就是新事物从无到有的创新能力。届时正确远比快速重要，大船稳定永远第一，无论如何，变化的中国从人民到政权已准备好迎接变化。

第二节　近代欧洲史概要

文艺复兴的开始是因为伊斯兰占领君士坦丁堡，把大批东罗马帝国文化人和当时最先进的伊斯兰文化技术赶到欧洲。

随后的十字军东征是对伊斯兰扩张的回应，但是完全是流氓打文化人，打不赢，回来大家就开始思考。随后，罗马文化、希腊文化、埃及，甚至伊斯兰的先进技术被众欧洲国发现并发扬光大，并且融合思考，在哲学上首先取得了突破，随后是文化开始创新。

各个欧洲国家中，意大利距离伊斯兰世界（阿拔斯王朝）最近，也离罗马、希腊等祖先文化最近，也受教皇的管制最严格，地中海的经济也最发达，有了经济基础，才能有空去构造上层建筑，所以最先开始。也巧的是黑死病同时发生，当面对累累白骨的时候，整个社会对人生的思考强度就会空前绝后。

由于对祖先文化的接触（希腊和埃及文化一直由伊斯兰人保管和翻译），大家也都开始怀疑基督教，进而产生了对个人生存意义的思考和个人的追求。对人，而不是对神，是文艺复兴的核心。

黑暗时期的欧洲由于黑死病，各城堡控制能力也下降，也就更加剧了人们的思考和学习自由。当愚昧被忽然去除的时候，就是大爆发的时候。全欧洲一大批大师来了。

伴随着文艺复兴，思想解放和大师、各大家族开始大规模战争和洗牌。这是思想解放的必然，民众想得多了，统治者想得就更多了。14 世纪到 15 世纪，神圣罗马帝国内奥匈帝国和西班牙开始形成，英法各大公争夺欧洲领地的百年战争开始。这一系列战争和变故之后，欧洲形成了西班牙、英国、法国、奥匈帝国、意大利、奥斯曼、俄罗斯这 7 大强国。其中西班牙与奥匈帝国同属哈布斯堡王朝，现代格局初定。

第一次欧洲大战

16 世纪，法国快速崛起，同奥斯曼伊斯兰联盟与西班牙——奥匈帝国的哈布斯堡联盟发动战争，后被哈布斯堡打败。哈布斯堡在欧洲鼎盛。同期，西班牙的海外殖民地风生水起，并从美洲得到大量白银，建立了无敌舰队。这也是殖民主义的开端时期，后来在发现巴西之后西班牙甚至和葡萄牙共同画了瓜分世界的地图。

16 世纪同期，宗教上，哈布斯堡系统和意大利是天主教，法英德通过宗教改革变为新教（文艺复兴的最高潮）。德国此时还是分裂状态，不构成主要欧洲实力。

16 世纪末到 17 世纪初，奥匈帝国内部分裂，西班牙的荷兰独立并且与西班牙打了 80 年的战争，并且西班牙的无敌舰队也打不过英国。哈布斯堡遭到重创。

第二次欧洲大战

17 世纪中后期，法国、英国、俄罗斯、瑞典等新教国家组成联盟与哈布斯堡天主教联盟进行了 30 年战争。哈布斯堡全面失败。西班牙衰落，奥匈帝国（神圣罗马帝国）分裂成众多小国，瑞典迅速崛起为首屈一指的大国，德意志人口锐减 60%，这次大战签订的《威斯特伐利亚和约》被认为是近代国际关系诞生的标志，此后各国转入动员能力和规模更大的征兵制和常备军制度，为后面更大型的战争做了准备。

第三次欧洲大战

17 世纪末，奥地利快速恢复国家实力，靠一国力量海扁法国和奥斯曼帝国，重登欧洲大国。

理性人

第四次欧洲大战

　　18 世纪初，西班牙哈布斯堡王朝绝嗣，法国试图取代哈布斯堡统治西班牙。奥地利与英国击败法国和西班牙联军。但是英国怕奥地利太强大，强迫其放弃西班牙继承权。欧洲进入均势时代。本来奥地利是绝对大国，但是立即又发生了分裂，德意志内部的普鲁士开始崛起。此时欧洲主要有英国、法国、奥地利、俄罗斯、奥斯曼五大国和瑞典、西班牙、意大利、普鲁士、波兰五个二线国家。大陆的主要对抗方是统治日耳曼地区的哈布斯堡家族和统治法国西班牙的波旁王朝。

　　波兰王位继承问题是两大阵营的决战。两大王朝对波兰的继承人有不同的支持。奥地利与俄罗斯联合取得了在波兰的胜利。但是奥地利却在西欧与南欧被法兰西和西班牙联军大败，如果不是俄罗斯的及时支持，奥地利有可能崩溃。波兰继承问题之后，普鲁士进一步在日耳曼地区与奥地利分庭抗礼。波兰也开始了被俄罗斯一直欺负的历史。波旁王朝的法国空前强大，奥地利被严重削弱。

　　这个时期最遗憾的国家是瑞典帝国，那是一个经过 30 年战争后囊括整个北欧和如今的波罗的海四国和波兰一部分，并且是德意志内部诸侯国的超级大国。强大到同时独挑当时欧洲非常强大的立陶宛、波兰、萨克森、丹麦，后期更是几乎全欧洲都对瑞典宣战，重要的是它还打赢了。但是它的军事冒险在深入俄罗斯的时候遇到了伟大的彼得大帝，并且后续被一举打回了 30 年战争之前的水平。与法国的拿破仑、德国的希特勒何其相似。

也正是由于此次战场上俄罗斯成为决定性的力量，所以整个东欧开始成为俄罗斯的天下。在此之前，立陶宛、波兰、萨克森、瑞典等都是非常强大的东北欧大国，一朝尽毁。

第五次欧洲大战

18 世纪中期，蒸汽机发明，工业革命开始。新阶级新贵族大量产生。七年战争爆发。普鲁士、英国、俄罗斯与老牌大哥法国、西班牙、波旁和德意志、哈布斯堡争夺陆地和海洋霸权。波旁与哈布斯堡第一次大合作，但是双方都被痛扁打残。英国将波旁、西班牙、法兰西的舰队击败，取得海上优势。陆上将全欧洲打残，是一场全体动员战争。战争结束，英国成为头号大国，法国摇摇欲坠，普鲁士、俄罗斯在欧洲地位进一步提高。

18 世纪中后期，在被打残的法国启蒙运动到达高潮，天赋人权、三权分立等思想诞生。随后美国独立，直接应用了这些思想。可以说在思想上美国是法国革命的继续，是意志的传承。

第六次欧洲大战

18 世纪末 19 世纪初，在被打残的波旁王朝发生法国大革命。拿破仑上台，创建兵役制度，开始现代化政治和军事。向全欧洲宣战，上百万军队的动员能力让拿破仑快速席卷欧洲，直到攻击俄罗斯战争失败，迅速衰亡。其间曾让普鲁士、奥地利称臣，奥地利地位一再下降。拿破仑两度独战全欧洲，代表了先进制度的到来。但是由于变化太过激进，迷信军事力量，而让梅特涅这种老牌的政治家可以在政治上摧毁。这与百余年后的希特勒犯了同样的错误。

19世纪中期，几乎全欧洲爆发反对封建制度的自由主义革命，虽然都失败了，但是代表了欧洲自由思想的不可逆到来。最浩大的就是共产主义，此时的马克思、恩格斯已经把《资本论》写得差不多了。唯一一个成功的算是法国建立了第二共和国，但是随后又被拿破仑家族变成第二帝国，后来又被变成第三共和国直到希特勒消灭之。法国革命总被拿破仑家族搞成帝制，这成了法国的宿命。

19世纪中后期，俾斯麦主政普鲁士，德意志迅速统一，并且直接把法国打到政权更迭，德意志正式取代法国成为欧洲大陆霸主。有时候某个杰出领导人的出现很可能极大地改写历史。此时，美国南北战争，俄罗斯大量侵吞中国土地，《资本论》成书。

一战前，政体的历史就是所有的革命性的科技和文化发明都开始于英国，然后在法国到高潮。

纵观欧洲近代史，法国就是站起来了，然后被打倒，没关系，你怎么打倒我我再怎么站起来打你。但是德意志统一后总是想把身边的人一次性全打倒，但最后都只有被打的份。

哈布斯堡就是一下子起来了，然后几百年来一直在萎缩，中间有点儿雄起，但是萎缩的趋势完全挡不住，现在这个家族在世界舞台上都快要消失了。

德意志、意大利和西班牙基本没有存在感，传统上都是哈布斯堡阵营的，但都随着哈布斯堡的逐渐瓦解而逐渐独立。但是德意志统一就要秒天秒地，东捶西打，战无不胜，完全继承和超越了法国的战斗能力。而意大利一直处于分裂状态，大部分是哈布斯堡管理的，但是由于拿破仑的入侵，产生了统一的动力，19世纪末完成统一，但是苦于缺少资源和文化束缚太大，后续发展受限。

英国就是：我想去欧洲，但进不去。好，我也不让你们好过，帮着波旁打哈布斯堡，帮着哈布斯堡打波旁，帮着新教打天主教。谁弱我帮谁，直到把欧洲搞到均势。最后一次帮着民主国家打轴心国家，彻底把自己葬送了。

而俄罗斯，从蒙古之后就开始国运上升，并且一直在上升。他总能作为谈判桌上最后的那个胜利者来分享胜利果实，总能在不经意间获得大量的领土，并且逐步推进。后面还能发现，他的前进之路一直持续到二战结束变成继蒙古之后世界史上最空前的2200万平方公里国土。

第七次欧洲大战（一战和二战）

20世纪初，日耳曼（德国、奥地利）与伊斯兰阵营（奥斯曼）组成了同盟国试图打全欧洲，这次有点儿不同就是全世界殖民地已经被瓜分差不多了，德国由于刚统一没什么殖民地，奥地利一直是内陆军事大国也没有殖民地，奥斯曼一直想着打欧洲，但被揍得灰头土脸也没有殖民地。所以这次是一场试图重新洗牌殖民地的战争。最后全世界的国家（这回真差不多是全世界了）都联合起来揍同盟国，这回直接把奥地利和奥斯曼打成了小国。

之后，德国又试图以一己之力挑战全欧洲，战斗力明显比当年的拿破仑强，但是结局却是一样的：被俄罗斯虐了。

于是欧洲的最大强国登场——俄罗斯，也就是后面的苏联，把欧洲的法德两个欧洲陆军最强国的鼎盛时期用陆军碾压。俄罗斯怎能不膨胀？这回，英国变成了小喽啰，所有欧洲国家联合对抗俄罗斯（曾经这种荣光在拿破仑和希特勒身上出现）。

20世纪中后期，完全是俄罗斯对抗整个西方。不客气地说，整个欧洲也能被俄罗斯灭好几次，实力已经是质的差别了。是吸取了最优秀西方文化的美国，把苏联生生打死。欧洲历史到此结束，下面离开世界谈欧洲就属于耍流氓了。

二战国力总览

此时的法国共产主义崛起，实力越来越强，如果没有希特勒法国很可能共产主义化。不但是法国，欧洲很多国家共产主义的力量都在迅速崛起，那个时代的观察家如果认为全欧洲都会共产主义化也是在情理之中的。此时，全球概念的英国摇摇欲坠，深知自己如果再打一场大战，全球大哥的地位就肯定没有了，但是他在仆从国中仍然有很高的威望，大家都公认一个女王。此时的美国经过了一战大发战争财，从一个相对的小国一跃变成了全世界最富足的国家之一。这种印象深深地刻在每一个美国人脑子里。所以，他们希望欧洲继续打，但是美国不要参加。这就是光荣孤立。

此时的日本，论军事实力，海军全球排行第四（因为《马关条约》），陆军和空军在欧洲大国看来是原始社会的（意大利级别的），但是已经是其他地区首屈一指的力量。日本之所以如此重视海军，因为从鸦片战争开始，日本也形成了思维惯性，甜头从海军来，继续投入海军就有更多甜头（感谢日俄战争让日本海军一战成名）。而陆军又在诺门坎战役见识到了朱可夫的可怕。所以开战前，海军已经和陆军平分秋色，就差瓜分了这个国家了。而这个时候的俄罗斯，斯大林刚刚上台，权力不稳定，他的主要工作是整肃内部，所以希特勒在扩张的时候，斯大林在通过各种手段在国内建立自己的威信。

罗马尼亚、保加利亚、匈牙利、斯拉夫是德国扩张过程中不可避免要应对的，内部本身很多也就有法西斯倾向。希腊还是一个很落后的国家，意大利的实力就可以对付（最后为什么对付得那么吃力还得问墨索里尼）。这几个国家无论反抗还是顺从，都对战局没有太大影响，蝴蝶效应就说不好了。芬兰和瑞典很关键，芬兰也是德国开进俄罗斯的重要促成原因。俄罗斯要不是贪得无厌要芬兰，维京人的战斗力是相当强大的，就算是光荣孤立，俄罗斯战线收缩，也没法西斯什么事了。

再说意大利，二战中最大的争议其实是意大利，但是大家可能真的是误会意大利了。1939 年 9 月 1 日二次世界大战全面爆发时，意大利钢材够用 14 天、煤炭 50 天、铁矿石 180 天。意大利可以控制的资源连日本的 1/10 都不到。二战是一个极限战争，最终考验的是人口和资源，重要的是补给，意大利深入地中海，对面就是核心战场，却连制海权都没有，怎么打？国内工业生产水平和国民党一个级别，政治还腐败，文化也不强，最重要的是墨索里尼个人是个经济学家，但是绝对不是好的军事学家。按照历史中意大利的打法，无论如何都是不能胜利的。但是不是说意大利就不可能打好，兵熊熊一个，将熊熊一窝。那个时期最重要的还是德意志与意大利并不是一条心，希特勒在很多地方都刻意地阻碍意大利，例如二战最早期的埃塞俄比亚战争本质上是意大利和德意志的代理人战争。

这是二战的几个主要的玩家，中国确实拖住了日本的大量陆军（其中包括一部分随日朝鲜军团），间接地拖住了海军，但是日本的陆军几乎不能对二战的结果有太大影响，战前的诺门坎战争、日俄战争给日本陆军上了一堂课，日本的步兵战法和俄国的主战坦克根本是两个时代的产品，况且日本如果打到草原，诺门坎已经告诉他们会有什么结果的，所以日本陆军不能给欧洲战场减轻任何负担，反而把中国推向了协约国阵营。如果经过适当的外交，不去侵略中国，中国加入轴心也不是不可能，孙中山等前期革命者大都对日本存在好感的，日本也是国民革命的重要基地。海军也不可能远渡重洋开到英吉利海峡帮助德国夺取制海权（因为德国连制空权最后都没有，海军也是绝对的弱）。不过如果进入新西兰和澳大利亚，倒是可以轻松拿下制海权。新西兰可能是二战最壮烈的国家了，空了自己给英国去当送死的，类似的事情还发生在加拿大军团身上。但是是否会触动美国介入就不得而知了。新几内亚战场澳大利亚几乎屠杀 20 万日军，日本在东部战场面对的是一个西方联盟和一个东方传统霸权与俄国大北方霸权同时开战，几乎是毫无胜算。

二战的全球战争充分说明了现代的全球战争更重要的是外交，外交至此已经变成了更加强大的武器。希特勒当初如

果能够拉拢西班牙甚至土耳其走向战场，二战的形势可能就会发生质的变化。而墨索里尼就属于几乎完全抛弃外交的逆时代的领导人。从资源贫乏的角度出发，对意大利最优的选择应该是在开战前尽可能地储备战略物资，不入侵埃塞俄比亚，而是在前期（在德国吞并奥地利之前）直接入侵南斯拉夫，扶植阿尔巴尼亚，同时亲近土耳其。因为意大利和南斯拉夫有领土争议，不太可能导致英国和法国的干预。彻底放弃北非的殖民地，等待时局的变化。在二战爆发的时候，意大利与土耳其组成联盟（土耳其有这个动力）一起入侵并瓜分希腊，在德国与法国交战的时候，意大利从法国侧翼占领维希。然后意大利什么都不用做，专心发展其引以为傲的海军，彻底占领地中海的制海权，待时机成熟，辅助德国登陆英国本土。这样的打法，既充分照顾了自身的实力，还给轴心国带来了最大的效益，德国还没有脾气。但是陆军将领都是自己的亲信，空军变成了富家子弟的游乐场，能用战争解决的事情不用谈判解决，对意大利的战斗能力了解不充分，好大喜功。历史往往就掌握在几个人手里，希特勒虽然很残忍，但是个相对优秀的战略家，而墨索里尼只是一个政治家。

　　国民党的陆军装备不比日本差太多，数量和资源也远在日本之上，并且拥有廉价和无穷无尽的劳动力，国民党输在了制空权和制海权上。战争最重要的是补给线，越到现代越明显，机动性地切断补给线，再牛逼的前线都要崩溃，弹药很快就打没了。制海权和制空权能够让日本灵活地投递军力，国民党几乎是完全输在了机动性上，当日本打到长沙城，即使付出比上海战役更大的努力也不可能取得更大的成果了，因为海军完全发挥不了作用。德国也就是靠着机动性横刀立马的，最后也是因为失去了制海权和制空权而被登陆的。

我们也能看到，之前的大国错误的原因和形式如出一辙，都是不敢变化，这就是大国的悲哀，也是任何一个时代的大国惯性。所以，大国永远是用来推翻的，任何一个大国不可能主动地自上而下彻底变革（这事只在中国的战国时期出现过，还只有一个国家做得相对比较好，但也没有伤筋动骨，然后就可以秒天秒地）。民主国家倒是在法律层面提供了和平转变的方法，希特勒就是用这种方法取得政权的，恺撒也是。但是这样取得的政权必然是雄心过度，可能会水满则溢。

二战是个新兴帝国挑战已有霸权的霸权游戏，协约国是世界资源的已瓜分国，他们的角度是捍卫他们对世界的瓜分。轴心国是希望重新瓜分的国家。这场战争虽然由轴心国挑起，并且手法不太正义，但是协约国阵营也是刚刚完成了无数种族灭绝行动的帝国集团，斯大林对波兰的行径也难说正义。归根到底，二战是一场分赃不均的帝国主义战争，二战的最大受益者依然是几十年前刚吞并墨西哥大量领土的美国，是那个一战期间也是靠两边发战争财富裕起来的美国。你很难说美国现在的成就是因为美国的制度的优越性，二战之后美国也无数次毁灭其他国家的经济来充实自己，细看美国的西部开发、吞并墨西哥几个州和夏威夷的历史，很难让人相信美国人嘴里的和平。中国共产主义的胜利也一定程度上得益于二战，然后发挥出巨大的动员能力。新中国成立后在国际环境的巨大压力下硬是靠内部一部分人给另一部分人输血的方式完成了原始积累，并且逐步走到强国之列，中间从来没有对外剥削，中国也确实是近代唯一一个没有对外剥削而顺利发展的大国。

战争时期领土没有朋友重要，非战时期领土比朋友重要。前车之鉴，后人哀之而不鉴之，亦复使后人而复哀后人也。

现代世界

苏联解体至今，世界上第一次出现超级强国——美国。强到什么程度？可以说，美国裁军裁了几十年，到现在退役的装备都基本是世界最强。生产一艘航母有多费劲，大家看看现在的国际局势就知道了，这还是水准比较弱的航母。二战时期美国参战的 4 年，单航母就拥有上百艘，虽然那时的航母是起降螺旋桨的飞机，对技术要求不高，但是发了两次世界级战争财并且继承了欧洲近代文化的精华，可以说到今天，还没有国家超过美国二战的常规军事能力。

今天，随着美国自裁，资本放纵，没有对手，大国开始没落。石油越来越不受控制，自由贸易，使得被压制的大国开始崛起。多个强国再次出现：俄罗斯、中国、日本、印度、法国、德国。都对美国构成了一定的竞争。但是即使如此，美国世界第一的地位在相当长时间内依然没有争议。

现在的美国焦头烂额，完全是选择问题，他们完全可以不给任何国家发展起来的机会。这就是当年春秋时期启用儒家思想的翻版。竞争的世界，在自己占据了绝对优势的时候，要采用严苛的法家，没有原则，只有长远利益。不是民主的经济寻求市场，而是集权的态度横扫六合。目前的各个国家都已经崛起，并且有了自己的诉求，国际局势瞬息万变又总体不容易变化。

第三节　社会的演变

　　我们改革开放之后成长起来的一代大部分人几乎没有认识到自己处在何等规模、何等波澜壮阔的历史进程之中。我们感受到了变化，并且对此习以为常。但是当我们中的一些人坐在台前纵观古今，我们就会发现，如今的时代多么伟大。我们竟然亲眼见证了可能是独一无二的历史进程。原来我们在其中，经历、创造和见证。再往前推，大部分人也几乎一样不知道自己所处时代的历史意义，我们现在看 20 世纪前后的巨大变革，那个时代的人的感受不会比我们多。人们总是比较容易理解过去的伟大，而忽视了自己的时代。

　　每个人都需要一个或多个理由来说服自己，坚持自己所要坚持的，否则生活很快失去了意义。每个人找到的意义虽然不能说绝对相同，但是在时代背景下几乎可以分类归类。因为每个人都不可避免在思考其他人怎么想，而人脉圈子的传导连接规模本身就是让人叹为观止的伟大作品。子非鱼安知鱼之乐，子非我安知我不知鱼之乐。人们在互相揣摩中找到了自己，虽然自己都不知道自己揣摩得对不对。一个人失业、一个人离婚是个人问题，但是一群人失业或者离婚就是社会问题了。当个别人有失眠的特性，他只有自己解决了。

但失眠成为社会普遍现象的时候，就会表现在社会上的企业和文化之中。当特种群体的数量达到了一个级别，就会导致社会属性的变化。而推动社会变化的也就是这种由数量到质量的变化。由于大部分人都是从自己的小环境思考支撑自己的理由，也就不会觉得自己的理由可能影响社会和历史。当我们每个人都为自己的利益投身到改革开放的洪流中，我们就形成了历史。

　　无论社会的历史的演绎如何，如斯诺所说，总体而言存在两种文化：科学的和人文的。最近 200 年科学维度的文化取得了快速的发展，并且更加深入地在塑造我们的生活，一代一代的人越来越倾向于相信甚至迷信科学对于人类的引领作用。而一般只有大灾难之后才会有文化的大规模发展，而在文艺复兴之前，人们长期处于文化引领的阶段。所以对于人类长期来说并不存在绝对的文化倾向还是科学倾向，不变的是每个人根据利益倾向选择自己的支撑，从而间接呈现出社会的样子。

　　我们现在每个人受到的义务教育，足够让我们想到这种社会演进模式很像布朗运动的分子模式。分子之间并不是商量好的一起规律运动，而是在环境达到一定程度的时候，每个分子从自己的圈子得到自己的行为指导从而表现出集体的相对一致性。从宏观上看，我们人类也不一定比一汪水先进多少。

　　人类社会的前进虽然在根本原理上是自下而上的方法，但是大部分的宏伟设计却又基本上是自上而下的。也就是当前时代的社会自下而上的投票得出了无数模型，但是可能某

理性人

几个胜出的用了非生活社会的方法例如暴力手段压制了其他模型的发展，甚至亲手塑造了他的下个时代的社会模型，因为他有能力改变自下而上的变化参数。所以爱默生说政府不一定来源于人们的道德认同。历史是英雄个体与社会群体相互作用、互相反馈的结果，过多地强调任何一方的价值都欠妥。很多时候当社会有很多个自下而上的竞争模式的时候，最后胜出的往往是人数最多的那个，而实际上最有利的往往是人数较少的某一个，真理确实往往掌握在少数人手里。窦建德是那样的爱民爱才，可以说放在任何一个朝代都是明君，但是一战被灭，谱写历史的是弑兄逼父的李世民。虽然李世民也是一代明君，甚至千古一帝，但在窦建德掌握区域的人民看来也确实不是民心所向的。这个自下而上和自上而下的关系很多时候被理解为是思想还是人在推动社会。对社会有重大影响的思想本质上也是某一些英雄对社会的外科式或者是内科式的强大塑造，这种塑造形成了相对稳定的思想或者是制度。而正如西班牙谚语：不会玩牌的人倒是能够洗牌。历史很多时候开玩笑地会让导致后退的模型被选出来发挥最大作用，也并不一定是自下而上看最广泛的，但最广泛的反而也有可能是倒退的。我们就在这种痛苦的模型中痛苦地前进，并且找到了意义。

第四节　人类起源

　　这里不是科学的证明，只是我的研究最后对这个问题的结论。

　　进化论我信，但是说人类是进化出来的，我信一半。我倾向于相信人类本身是地球上的一个动物（或许就是猩猩），但是怎么达到智人的，我觉得可能是进化也可能是外星人的改造，甚至人类本身是个程序世界也可以接受。人类与很多动物都拥有思维、感情、记忆能力。甚至群居等社会模式动物和人也共有。如果说语言，早期的人类语言也有，很多动物也有。人类有欲望，动物也有。财产欲望、权力欲望这些都是相同的。甚至动物也有感情。人有精神，人会去克制自己的欲望，所有的社会现象都是人类克制或放纵自己欲望的过程。人与动物的区别着实是在精神层面，从这个角度也可以说明，如果人是被改造的，那么被改造的不一定只有人类，可能只有人类成功了（或许海豚也是一个？），而且改造者并没有看到人类的成功，而是后面的大陨石带来的极端气候导致人类发生了变异才逐步成功。但是如果是进化得到的，那么人就是唯一的。因为到了哺乳动物阶段，试验样本非常少，只要进化出了人类，人类就不会给任何其他动物时间再进化到食物链顶端。

人类简史里面说人类靠想象力组成更大的集体，我的认知体系接受了这个观点。很多部落在现代人眼里的发展程度几乎与动物无异。人类是现在的人类的关键在于社会的交互与思考。如果你只是说人类会使用工具，所以导致了现在的人类，在不会使用工具的时候，人类就不懂得驱赶猎物到容易抓到的地方吗？不是因为人类能够使用工具所以才成为人类，而是因为人类能够在精神层面进行思考所以才会使用工具。也就是问 why。这构成了人类所有进步的根本，而动物没有。它们也能认识一个东西，但是绝对不会去思考 why。木棍也砸击过无数的大猩猩，但是没有大猩猩会用木棍去砸别的大猩猩而形成战斗力。这就是 why 能力的缺乏，甚至基本的举一反三都做不到。

人类以前可能确实是猴子，但是进化或者被注入或者因为变异得到了 why 能力。我先接受进化论，那么这一定是偶然的。也就是所有的人类都是起源于同样的族群，在同一个地方（很可能是东非大裂谷），然后迁徙独立发展。而智人之所以能去美洲也是因为进化得到的思维能力让人拥有了比马更强大的迁徙能力。环太平洋从毛利人到高山人到美洲人都有很多相似的地方，这也是学术界普遍认可的解释。

月球的背面可能有外星人，并且月球的形状和位置也确实很不科学，我也愿意相信月球曾是或者现在仍是外星人的飞船。而月球表面的那些坑坑洼洼，如果说是陨石撞的，理性思考我无法接受。我看那形状反而像是一次巨大的核爆炸，炸飞的大陆碎片散落在月球的表面，大家都没有确凿的证据。

而再看柴达木盆地：从柴达木盆地向中东、北非一代，沙漠一字排开。众所周知中东以前是茂密的丛林，《圣经》里说是大水淹了。我认可确实有大水，那可能是因为一个大东西从天上掉下来砸到了柴达木盆地，从地壳里面经过了中东到达塔克拉玛干沙漠。地中海也就是这么来的。要不意大利、希腊那里的海岸线为何都是那样陡峭？地中海来源于剧烈碰撞，地中海琥珀也是一个佐证。

　　至于为何这么说，西藏高原、昆仑山脉、兴都库什、伊朗高原的位置，再联想一下雅利安人、西藏人（貌似也是雅利安人）的神话来源，都是从北边的高山来的。所以，可以说那次的巨大陨石让地球中部发生了大水，人口聚集在高山和北方，可能是巨大的自然改变诞生了现代人类的思考能力，形成了当今的地球。如此也不排除撞击发生的时候一部分人类走向地下，地幔至今会存在文明。

　　精神层面的 why 能力区别了人类，本书的主要研究对象就是这个区别。

第二章　理性原理

第一节　论人性

人与动物，理性与感性

雌雄同体、雌雄异体、交配后雄性死亡等奇怪的机制在自然界中都有。每一种都能找出它必须这样的道理。但是也正是因为如此，这其中是绝没有道理的。

唯一有道理的是，雌雄这种组织方式被传递下来了。这里面有达尔文主义，也有刻意设计的元素。大部分的动植物我相信进化论，只是选择了去相信，因为没有更好的选择。但是对于人类，我选择不信。人脑与猴脑再怎么像、泰迪再怎么聪明，也不能形成文明。五官一个不少，但是缺乏理性、有效使用五官的能力。

进化论可以进化出生理的五官，但是绝对不能进化出一个高效操作五官的能力。

现代的分享可以让大家互相积累知识，互相帮助增长智力和器官使用。没有键盘之前人也绝对不会如此熟练地使用手指，人不是天生就拥有熟练的手指的。

我们观察女性与男性的区别。普遍来讲，女性仔细、男性马虎，女性感性、男性理性，女性力量小、男性力量大。仿佛男女互补地组成了这个世界，阴阳学也就是这么诞生的。事实上，自然界中的正负粒子、电场和磁场都有类似的现象。而在物理学中也出现了正物质与反物质的学说，并且被大家承认。能量可以在各种形态转移，但是它都是能量。

所以，我也倾向于相信组成男女的相反的两面是这个同样现象的具体体现。而无论是感性还是理性也都绝对不会是单纯进化出来的能力，这个能力很可能是同一个东西的两个方面。

动物无论如何都不能逃脱对生理的追求。食物、交配，生理想什么就做什么，即使你规定它不可以，它也很难做到。只有特别训练有素的高度发达的大脑才能做到一小部分。所以，对生理的抑制能力也必然是人类这种动物自带的。还有一个就是狂热的能力。你喜欢玩具，所以愿意为玩具挨饿，狂热的人都可以饿死自己，泰迪是无论如何都不会做出这种选择的。这些看起来是生理特性，但是也都是理性压制感性的案例。

理性与感性，男女都有，但各有侧重。但是这个侧重是必然的吗？从当今的现象看，好像是必然的，比如会写代码的大部分都是男性，大物理学家中女性所占比例有目共睹，对人类做出巨大的逻辑理论贡献的大家也都是以男性为主。但这还不能简单用必然来解释。

一个孩子一出生，他往理性还是感性的方向发展的机会都是均等的，也可以两者兼有。社会对女人的评价无论是什么社会，都有一个漂亮作为最主要标准，而无论这个漂亮的具体标准是什么。可以是小脚、胖、白、高等。这就是生理的社会属性开始的地方，也是男女区别开始的地方。

男女的区别，起源于社会审美，社会审美又由生理体力起源。

早期的世界，男人的体力在生理上是有优势的，这就是后面一切的根源。男人更多地参与战争，拥有了暴力就拥有了要求女人的资本。社会审美就是这群男人确定的，至于怎么确定，确定成什么样子，各个群体各有不同，只是在逐渐趋同。

早期对女人的要求就是审美，无论社会怎么变化，在对女人的行为上就算是同一个种群都会有不同的变化，但是在对漂亮的标准上，人们从来都是喜欢漂亮的。

所以女人必须要重视别人对自己的外貌的看法，否则就不能融于社会，这在所有的社会都是一样。还因为月经、生孩子等生理因素，让女人对身体感觉特别敏感，这也是全世界都一样的。如此，去感受，就是每个女人的必修课，而不是去思考。

男人最重要的，在任何社会都是在社会中的地位，包括金钱的、对女人的控制的、权力的，是与别人竞争社会资源的根本属性。想要获得更多的社会资源，他必须思考。现代的所有文化与文明都诞生于思考的本性，思考与学习是社会发展的第一动力。

一个重思考，一个重感受；一个重社会资源，一个重自身。这是生理决定的，也是社会这个集体决定的。没有集体生活，就没有男女的区别，就没有一切的发展。生理和社会都是不可逃避的，所以当今的男女区别就是必然的。

而未来呢？审美的需求永远在，但是女人也有权力对男人进行审美标准的制定了。你可以仔细想想，如果让男人规定男生什么样叫作漂亮，会得出什么样的结论？胡子拉碴的、肌肉男、大高个、白发相间的、长相奇特的……各种各样的需求。但是男人没有对男人做审美标准的需求，而女人有，比如说"小白脸"。

随着暴力的消除和武器的发展，拥有体力再也不是什么了不起的事情。医疗的发展，对自身的感受也会相对减轻。所以男人感性化、女人理性化的趋势不可避免。但是除非男人来大姨妈，否则，整体上，男人依旧会比女人理性，但是差距会逐渐磨平。事实上，已经有越来越多的男人比女人还感性（尤其是作家和艺术家），越来越多的女汉子也在诞生。

社会是有惯性的，这种改变不是那么轻易地发生的。但是物理条件已经提供了可能，就等待偶然事件了。而物理条件充分的偶然事件在时间轴上看就是必然事件。女程序员指日可待。

而这里，人与动物的根本区别在于理性，不在感性。感性不是人类的专有，而理性是。所以女人更倾向于热爱小动物，孔子所说的恻隐之心，也就是感性，是一种动物本能。

但是怜悯之心绝对不是感性，是我们才有的理性。我们既是动物，又是人，额外拥有理性能力的人。所以现在的男人更接近计算机，以前的女人更接近动物。事实上，另一个方面，也开始出现近乎完全理性没有情感的计算机式的人，因为感性可以在很大程度上被理性压制。所以，男人出现了向感性和绝对理性发展的两种分化。而女人在相当长时间内是不能够理解绝对理性的，她们还是会考虑自己和别人的感受。当前的很多家庭矛盾也由此产生。

好吧，这里也顺便说明了为啥程序员没有几个女的，有也大都是卖萌的。

弗洛伊德建立了精神分析学，他认为人的精神生活包括意识部分和无意识部分。意识部分小而不重要，非意识部分才是人类行为背后的驱动力。荣格把无意识部分还拓展了个人无意识和集体无意识。这里的意识就是理性，而无意识就是感性。感性不讲理由，只讲舒不舒服，这个舒服就是无意识地告诉自己的，因为同一件事，有的人舒服有的人不舒服。人类社会几千年在民间都是无意识部分占据了主导，意识部分自工业革命起开始占据了越来越重大的部分。弗洛伊德的理论是他对那时候社会的思考，而不一定是真理。意识部分，也就是理性部分，正在迅速占领全世界每个人的头脑。可以说人类发展的过程就是理性战胜感性的过程。

性格的产生

既然人类社会是在理性化的过程中，那么最后有没有可能完全去感性呢？这个是绝对不可能的，感性是一种生理现象，可以被理智压制，但是不能被消灭。像量子组成的质子可以把电子束缚住，但是不能完全吸收。总要有正电荷和负电荷，人总要有阴有阳，也总要有感性有理性。阴气可以较重，阳气可以较重，但是不可能存在纯阴之体。我们用正电荷与负电荷比喻一下，纯粹的正电荷可能可以在单独的空间中存在，但是把它和带有负电荷的实体放在一块，它就要去抢夺别人的负电荷了。正负相吸，阴阳相调，理性与感性也是这种关系。

好吧，这样说估计读者都要打死我了，怎么整起虚的来了？我们现在挑战一个比较难的问题，感性是怎么产生的？人为什么会携带感情呢？这取决于记忆。就是这两个字：记忆。每个人学会的第一种表达感情的方法是哭和笑。第一种感情是委屈和开心。我无法很好地解释哭和笑这两种基本情感表达，婴儿出生的时候，他是忽然接触世界，不好受，生理表现是哭。这个时候他感觉是难受的，所以日后遇到难受的事情，比如委屈，他就哭。

委屈和开心之后，我们学会了生气和愤怒，这两种情感的产生是伴随着私有思想产生的，当自己受到侵犯的时候会产生，所以当一个小孩子在隔绝人世培养的时候，他不会学会这两种情感，后面也就不会伴随着这两种情感演化。

接着是忧愁，忧愁一定是对应着事件，不经历事件不会忧愁，初始的忧愁通常是伴随着责任，所以这个情感的属性是社会的，不接触社会。不给他添加责任，他也不会产生忧愁的心态。我们知道少儿时代是培养情感的最好时代，很小就可以定型，所以这个时候如果不给他责任感，不给他注意事项，让他没心没肺地活着，他长大一定就是个快乐的人，起码不会失眠。而他也不一定会真的发展成没心没肺的人，因为随着年龄的成熟，他会掌握理性的感情，不会用力过猛。

接着的感情就是哀，这是伴随着失去，获得了才会失去。而这个失去不仅仅指物质。所以只要小时候不让小孩子拥有太多，包括关心、包括物质，也就不用他失去，他就不容易成长为负面情绪的人。这也就是贫穷家庭出来的孩子一般不会有太多的负面情绪，基本上都能化悲愤为力量，除非这个社会靠努力已经没用了。

哀之后是怨，怨是一种追责情感，是伴随着社会属性的。当失去之后，他会开始归责，一旦归责为自己，很容易成长为自卑的人，一旦归责为别人，也就很容易成长为刻薄的人。所以，这种情感，最好是去压制，压制的方法是在 8 岁前禁止他去怨别人，因为小孩子不会主动怨自己。你不让他怨别人，他也不会去怨自己，除非你告诉他，这个事情怪你自己。所以简单粗暴地阻止就可以。

而最有争议的一个感性是胆小与害怕，这种感情对于很多人压根儿就不会产生，但是只要太小的孩子，你给他传达了后果的概念，他就会在一定程度上掌握这种感性。比如你告诉他这个东西不卫生，那个不卫生，吃多了会得病，他以后一定挑食，胃就会不好，胃不好寿命就短。所以你其实是在对孩子说：你活矫情点儿，少活几年吧。孩子调皮的时候，你告诉他，调皮就会被警察叔叔抓走，可能会让他安静下来，但是从此他规规矩矩做人，就是传说中的老实人。人太老实了，不是好事，是一个缺点，没什么好骄傲的。他工作不顺、

不懂钻营、不懂追女孩子、不懂去试探别人的底线，就基本是现代社会的 looser，但是反过来，这种性格让他在社会受阻的同时，可以让他专注于科学与文化这些不和人打交道的东西，所以，说不定就是大科学家和大文豪。那就看家长会不会根据性格引导了。

还有一种感性就是贪婪，每个人都会在或早或晚的时间学会贪婪的，这种感性几乎无法阻止。用好了，这就是动力，是大部分人成功的基础。没有贪婪之心的人，基本上是没有什么成就的。但是用得不当，就会变成别人甚至自己都讨厌的人。所以可以引导贪婪性格到精神世界，而不是物质世界。比如激发孩子对知识的兴趣，这就是贪婪的应用。千万不能过早地激发孩子对物质的渴望，比如这个贵、这个便宜，这都不是孩子该考虑的事情。孩子该考虑的是喜欢与不喜欢，父母考虑的是给与不给。除非你想让你的孩子成长为一个眼里都是钱的人。

综上，大家可以看到，这些情绪确实是与生俱来存在人体的，但是可以选择性地被激发。除了喜怒之外，其他的都可以通过小时候的小心来压制，使其在成长的过程中逐渐消失。而喜怒也可以通过相当长时间，成年期的理性训练再加上一定程度的克服。但你不能说你是绝对理性，只是你选择了压制。一个压制了所有感性的人，给他一份真挚的爱情，让他在纯粹的感性环境下再生活 3 年，他的感性还会被激活。所以这不是消灭，而是单纯的压制，绝对理性是不存在的，绝对地逼近理性是可行的。

感性取决于记忆。我们成年后的所有感性都是小时候学会的，那个时候已经把各种情感对应好了事情，后面发生的类似的事情就会再次激发这种情感，只要形成，想要后天调整是很难的。例如一个人小的时候学会了别人比他强的时候就嫉妒，那么长大后，在工作中、生活中，他就是这样的人。永远在追赶别人，追得上还好，或许这就是成功的动力了；追不上，生活就会很"悲剧"。

人性定理

人性善的部分可以被社会抹去，但人性恶的部分无法被抹掉。

很多的善良的感性是后天形成的，但是有很多事可以形成同一种善良，导致大家以为善良就是每个人的共性，因为他们是那么普遍，普遍到几乎每个人都有恻隐之心、都孝敬父母。感性不能全部抹去，但是善良可以，也可以做到压根儿就不存在。抹去的原理也是一样的：否定曾经存在的，或者是忘记曾经存在的。任何一个人，经过长时间合理的洗脑，都可以被洗脑到否定他曾经拥有的善良，只是不同人的耐受程度不同罢了。但是人性恶的地方不一样，大家向善，都是不得不向善，久而久之养成了习惯或者是惯性。而向恶，只需要把束缚去掉就可以了，恶就立即回归。你可以现在宣布法律失效试试。

放纵感性，牺牲寿命

理性是不伤身体的，如果你有绝对理性的朋友，你会发现什么事情在他们那里都不会让他们愁、让他们忧，也不会让他们开心。绝对理性的人几乎不为任何事情动任何的感情，在他们看来所有的一切都有原因，现在不过是原因导致的结果，只要可以解释，就是正常的。他们只会在一种情况下恐慌：出现了他们解释不了的事情。然而这个世界总是会有他们想不明白的事情，所以他们会思虑过度，从而远达不到绝对理性，很多事情就不想了还好，试图搞懂所有的事情的话，思虑会伤神的。

所以绝对理性的前提是丰富的知识。通常博学的、从事自然科学研究的、读书千百的，才具备绝对理性的条件。绝对理性的过程其实就是修佛的过程，只是采用了两种方法，佛教是通过不去想来去除感性，而绝对理性是通过想明白来去除。殊途同归，但后者更难。那为何要去除感性呢？感性从某种程度来说是人称为人的原因，没有感情的人，确实挺可怕。但你之所以觉得这种人可怕，是因为你不是这种人。理性人之间的朋友定义不同于我们现在见到的朋友，那种朋友比爱情甚至都炙热，但是却是世俗的，因为他们互相欣赏喜欢的前提是喜欢的是你的脑子，不是你个人。喜欢了你的脑子，就根本不在乎你是什么人，哪怕你罪大恶极，我欣赏你的见解，我照样可以欣赏你这个人。

现代人在逐渐抛弃感性，是出于功利主义的，但是同时，还带来一个副作用：寿命的延长。如果你说医疗条件的进步让人的生命延长了，不知道你能不能说服你自己。很多人从小也几乎没有接受过任何的医疗治疗，或者是自己就治好了，为何寿命与以前的 30 岁不到有这么大的区别？要知道 30 岁之前，我们大部分人都是不怎么生病的。你可以拿课本上的一堆理由来解释，我提供一个理由：去感性化。但是医疗条件的改善使得很多重大疾病可以被扼杀在萌芽中，生活水平的提高带来的丰富营养，这些对寿命的增加都是必然。

佛曰五味皆苦。喜怒哀乐都是伤身体的，这个大家都不会反对，情绪偶尔来点儿还可以，来多了或者是来大了，都会对身体造成致命的伤害。这里面的生理基础没人能搞明白，但是可以肯定的是，放纵感性，就会牺牲寿命。那么反过来，遏制感性，就可以增加寿命。从这个意义上说，修佛的、为道的、信教的、做科学的，凡是有自己的一套可以解释清楚他遇到的事情的，都是可以普遍长寿的。而一般的人民则不可以，除非他有自己的一套能解释他所遇到的大部分东西。你甚至可以不在乎，也可以做到。也就是说没心没肺的性格也能让你长寿。当然，影响寿命的因素绝对不止感性，生理本身还是起着决定性作用的。我们这里的讨论是假设生理一致的情况下的。

只要发展出理性的群体，就不会存在绝对感性的人

理性是道德的最小集，所以理性并不违背道德，不善不恶。以前的社会道德者占据了主题，现在的向上的道德逐渐让位给理性，这不是一个现象，而是一个过程。在以前的整个社会崇尚道德的时候，纯感性的人是有生存空间的，他能受到最小概率的伤害，因为整个社会对他有一种保护的力量，但是只要发展出理性了，这个社会中允许理性存在的时候，这些人从利益来考量就会给纯感性的人带来伤害。例如热爱帮助身边人的人经常帮助身边的人，在道德社会，身边的人会表示感谢，不用一样回报，起码在心理上会感激，但是身

边的人是理性人的时候，他根本没有感激之情，并且如果你继续为他付出，他就一味地接受，时间长了还会认为那是他应得的，你如果不给了，他反而会觉得你对不起他。从此，你的善良变成了义务，圣人恐怕都无法接受。这种现象即使在现在的社会还是存在的。这种情况导致的结果是善良的人越来越有条件地善良，甚至也逐渐变得理性。感性就在这个过程中一点儿一点儿地被抹杀。感性是一种现象，理性也是一种现象，当两种现象同时存在，理性就会挤压感性的生存空间，又是一个劣币驱逐良币的例子。

人本性希望征服别人，希望划分等级，且自己位于高等级。

现在确实有崇尚平等的社会，但是无论你怎么努力，只要有人类聚集的地方就是不平等的，不是就有，而是就是。人类社会不可能是平等的，平等的社会将无法进行任何程度的协作。人的本性就是希望征服别人，每个人都希望自己高高在上，那些呼吁平等的人，不过是在下层的人类不希望继续处在下层的斗争而已。他们不希望继续待在下层，历史上都是下层的人民起来反抗最后将自己置于上层再压迫下层。这就是统治，有人的地方就有统治，人与人之间不可能是一样的，在一个特定的环境下，社会集体对不同的人的需求就是不一样，也就是说不同人对于集体的重要性一定是不一样的，这种客观的不一致性，即使再怎么努力地去塑造机制目前也无法去除。

现有的机制都是用来去除人性的客观弱点的，而社会已经发展出独立的个体能力，人的个体不太可能，或者不会容易发现制约集体客观趋向的机制。按照在人身上的经验，必须要有更高程度上的权力来限制集体的行为。例如一个国家可以限制一个唯利是图的企业不生产有毒的食物，如果没有国家，企业将以利益最大化为出发点，不会考虑道德问题，因为这就是企业这种集体的根本属性，就是利润，而不是道德。

不存在等级的社会在科技发展和资源充足到一定的水平是可以出现的，但是那时的社会很难以现在的角度认为是社会。一个人占有独立的大片空间，人与人之间互相没有任何生活接触。可能只是遇到需要投票的时候大家一起投票。这就是社会产生的原理问题了。社会只有在需要互相协作的情况下才会产生，如果科技发展到不需要人人互相协作了，人与人之间自然就具备了平等的基本条件。

所有的梦都是感性的，清醒状态可以偶尔进入。

睡觉是一个去理性的过程，所以在纯感性的环境下，做的梦肯定是感性的。做梦的过程就是记忆自由重组的过程，这些重组是没有理性根据的，是自然而然的串联，也就是如果你记得你的梦的话，你就会发现你的梦里很多事情都是不符合逻辑的异想天开，嗯，这也就是非理性思考的结果。一个人白天的感性越重，他的思考模式就越接近于梦里的无逻辑。女人是善变的，那是因为女人是感性比较重的，所以动不动就异想天开地想一些莫名其妙的东西。

为什么说清醒的时候可以偶尔进入呢？如果你喜欢文学、喜欢写诗，你可能就会体会。你会忽然进入一种才思泉涌的状态，上天不断恩赐给你一些词语，但是你会很快忘记，而这些词语都是非常有文采的。你平时是无论如何都不能写出这么好的文字来的。这个状态是一个非常奇妙的纯感性状态，通常持续时间不会很长，所得的词语，你最好拿笔赶紧记下来。

感性也必定存在像理性一样的逻辑，只是这个逻辑不被我们所知。归根结底感性和理性是一样具有逻辑性，但是却是两个复杂等级的逻辑，就像我们不能理解睡觉时候的大脑逻辑一样。

一个人受人尊重是因为他拥有尊重人想拥有却没有的东西。

当一种品格是a想拥有但无法拥有的，a就会尊重拥有该品格的人；当一个事物是a想拥有，但无法拥有的，a就会嫉妒拥有者。这是对上一条的有效补充。尊重与嫉妒瞬息可变，本身就是互为补充，向善的社会环境可以激发尊重，向恶的社会环境可以激发嫉妒。而目前的形式却不容乐观。劣币驱逐良币也不是一两个例子了。当然，这里得声明，没有劣币与良币的区别，我所说的善恶都是以道德衡量，而这个善恶道德几乎是全世界通用的，而全世界独立演化出来的相同认知就一定是生理原因或者是自然属性决定的，也就是说我们意识里的感性生理就是有善有恶的区别的。

这就是相同点，也就是组成统一集体的基础，当大家都认为尊重是美德，而嫉妒是不好的品格的时候，拥有尊重也成为美德，善良可以拥有别人的尊重，爱国可以，勤劳也可以，尊重别人本身也可以赢得尊重。赢得尊重的都是人性生理认为善的，所以用善的一面塑造社会，也是有一套完整的生理基础的。但是漏洞也很明显，善是父母对子女浓浓的爱，恶是人与人之间的普遍不信任，善需要付出，而恶只需要防守。善失败的代价太高，恶可以降低失败的概率，所以只要人们拥有，那么人们就会选择恶。如果要激发善的社会，首先要抹去拥有。抹去的方法有两种，所有人都不拥有和所有人都拥有所有。前者就是古代社会，后者就是未来社会的共产主义所描述的那样，不过表现形式可能会有区别。所以你会发现古代的很多道德感的社会状况都是我们现在失去却在追求的、羡慕的。

我们目前的状态：私有是社会组织的中间过程，是社会激发自己的潜能快速度过这个阶段的手段。社会本身也是个个体，他知道现在的自己是不对的，但是他也知道他想要早点儿对，就得先不对。这就属于社会个体做出的牺牲眼前利益来服务未来的决策。事实上，澄清一件事，不是资本主义的出现激发了私有制，而是私有制的放纵激发了资本主义。商品经济从来都有，一致没有的是稳定的私有制。私有意味着中央集权的削弱，意味着人民力量的崛起，也就是意味着一个人追求私有变成了整个集体一起追求私有的最大化。这是一切的动机。

越难懂的事情人类会报以越大的尊重。

自己想一下就知道没有人会觉得量子学和相对论是小孩子过家家一般的轻蔑，也没有人会觉得爱因斯坦、罗素等知名的脑力活动者是接地气的。我们对于我们常人无法理解或者难以理解，而其他人可以理解的人和事的态度就是尊重。

尊重和恐惧是我们对未知的本能反应，而掌握未知的人我们的态度就只是尊重。但也并不是说不知道的东西我们一定尊重，历史已经教给我们，对于不知道的东西，我们最好是尊重。尊重感觉也不一定是只能如此产生，当你看到一个人做了自己觉得正确而又不愿意去做的事情的时候，你也会尊重。别人做得越多，你越做不了，但又觉得对，你越觉得尊重。别人理解得越深入，你越理解不了，你越会觉得尊重，而有意思的是，你很可能也会产生一种恨和嫉妒的情绪。而这种情绪产生的条件是你在生活中认识的比你强的人，他曾和你一样的起点。也就是说嫉妒情绪产生的条件是曾经在生活中交会并处于相同和相近的点。

时间与来生

　　衡量一个人是否成功，都是社会赋予的标准。社会啥样？啥叫成功？如果社会认为你伤害他人最多是成功，伤害他人最多就会得到社会的尊重和自我的认同。

　　这种生活，我管它叫社会属性的人生。我知道大部分人是这样，几乎是全部，但是我也看到了很多不同的人。从他们身上，你能看到，成功这个词本身就是给别人定义的，需要别人来看的。我怎样才能认可自己？我认为是准备好了随时可以死去，也随时可以活着。

　　时间塑造着我们，我们认知世界，逐渐学到了诸多的舍不得，诸多的不能和不想，也有诸多的想。五味皆苦，想与不想、能与不能都是生活，但不是人生。生活中，我会遵守法律、尊重别人，因为我不尊重，社会就会给我教训，久而久之我就养成习惯了，这是生活。但是人生中，我蔑视一切，规矩是用来打破的，命是用来革的，也可以是用来过的，你想怎么生活不由社会决定，自我可以很变态，只要不影响别人。这是我同意的人生。

我热爱自己的祖国，热爱共产党。周围的大部分人都认为我谈及党的时候是在严肃地搞笑，但是我从来不掩饰自己的取向。我是党员，我光荣。我阅读过、思考过，我知道那些光荣属于谁，我知道中国的今天来源于哪里，我知道中国要走向哪里，所以我坚定地承受任何的不理解。这是社会生活，更是人生。

时间教会我们去适应社会，有的学会了去改造社会。我学到的是不理社会。社会改变不到我，物理、数学、历史、才是能塑造我的东西。我是谁不取决于社会的任何人，取决于客观存在。时间，最终会教会每个爱思考的人，自己才是自己。认清自己的人才是自信的，不顾别人的嘲笑的坚持，才是伟大的自己。人生，从学习世界、认清自己、相信自己开始。由于自己从小在社会中接受教育，我们已经是不同但又相同的人，他们塑造了我们，我们明白了之后可以决定保留哪些、舍弃哪些、改进哪些，并且将它在社会上推广，这个社会就会进步。

认清了自己，人生便是一种随遇而安的理性。随时可以爱，随时可以放手，随时可以来，随时可以走。时间就是时间，是用来一天天地过的。我们可以有家庭，我们可以有梦想，我们爱家庭，我们爱梦想。我们可以走，但是我们从来没有想过走。我们不会走。我们慢慢地看着另一半变老，我们静静地陪着爸妈，我们开心地看着孩子长大。这绝对不是因为责任，也不是因为社会的要求，这是认清了自己之后的理性，对时间和生命的看轻。以前中国的社会很大程度上靠责任感这种生理特性唤醒一个人的道德，经济学来了之后靠契约精神来让社会找到平衡，未来的社会，是靠逐渐的理性化来让所有人做出同样的选择。做出类似选择的群体才可能组成社会，这些相同点就是社会文化，而理性是整个人类的共性，可以让整个人类组成一个社会。

来生，是此世一直在追求欲望的结果。欲望没有满足，还差一点儿，来生就更想完成。欲望满足了（话说追求欲望的人，会满足吗？），来生还想继续享受。有人怕来生受到惩罚，下地狱，所以此生忏悔，多做善事来生有好报。是的，这样也能组成一个善良的社会，但是最恶毒的也是他们。基督徒历史上干了多少恶心的事情，去赎罪不就完事了？来生不看今生。

我们今生行善，不为来生；我们今生快乐，不为来生；我们今生受苦，也不为来生。我们为时间流里的相遇，我们为人生中的相爱。王阳明的致良知是我最喜爱的人文理论。也是我自己悟出来的，但是学习了王阳明之后，我发现了一个东西。就是认清自己，像本真的自己一样去生活，不在乎生，不在乎死。感性的你就拥有感性的世界，理性的你，世界充满规律。

就像为人没有对错，老子说得好，相形而见长短，活出自己是我们经常听到的，但是我们也最不能理解。我打开《最爱的我们》，看高中时代的电视剧，至今满满的幸福，热泪盈眶。那时的我们被逼着去读了高中，现在来看那却是我们最好的回忆。如果我们不是被逼着去读了高中，而是被逼着去参加战争，那也将是我们人生最宝贵的财富。在不该任性的年龄，就不该任性；在任性的人生，就该尽情地任性。

我喜欢你，我跟你玩；我不喜欢你，我拉黑你，而不是为了以后的你能对我有用而接近你，维持一份关系。这是王阳明的良知，是每个人都知道对的东西。欲望所在，你不得不违反良知。对今生的欲望，对来生的欲望。致良知，自然有好报。这不是功利的说法，而是因为良知是人本性，人又是生活在社会上，即使社会再怎么邪恶、再怎么功利，良知依然存在。你的良知，你的孩子感受得到，你的朋友也感受得到。

时间用来致良知，良知用来致来生。

良知与理性是更大规模社会的两种组成方法。

环境对人的行为影响

人的行为到底有多大程度受到周围的人还有周围环境的影响？如果你是一个人住，你又是一个积极向上的人，你就会仔细认真地规划你的一天，可能哪天打一整天游戏，也可能非常自律地学习和工作，有条不紊地安排工作和好好地安排每一顿饭。但是也可能纯粹地打游戏，或者出去泡吧。你是什么水平的自律和价值观，就会真实地表现。但是如果你和同性的另外一个朋友合租，如果你们是女的，你俩可能每天张家长李家短，或者结伴逛街买包，或者比赛谁的化妆品更好；如果你们是男的，你们可能每晚回来一起来一局，吃饭的时候讨论英雄，也一起聊聊股票。你很少会去规划自己的长期发展，但是你会感觉每天迫不及待地要回家一起玩。

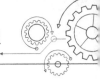

如果你是和一个异性朋友合租，你可能就会非常勤劳地做家务，尽量让自己穿着得体，爱护小动物，富有责任感。这些都是男人吸引女人的本能，而根本不在于你是否真的会去追求这个女的。

待在狭窄出租屋的人比较喜欢周末出去到处蹦跶玩，待在舒适的家里的人周末普遍喜欢在家里做做饭、看看电视、睡睡觉。但是无论什么样的家，除非你的自律程度可以泯灭自己的欲望，你在家里的座位上都很难像在办公室那样集中精力工作。你前面可能是床，旁边可能摆的是一台xbox，走到客厅就可以打开电视，你的老婆可能会不时地叫你一下帮忙扫扫地、买个菜。你经常在一个地方打游戏，想在同一个地方学习是比较需要勇气的。当你带着电脑去了书店，点上一壶茶，你就会开始拼命地工作和学习，甚至一下午看完一本书，你自己都会惊叹自己的学习潜力。当你上班的时候，你可能一天加班加点毫无怨言一口气完成了你自己在家感觉永远不可能完成的任务。所以流行的在家办公的愿望永远只能是愿望，除非在家里装上即时的摄像头，团队互相看着对方的脸工作。

不得不说，一定有人能够做到律己，一个创业的人即使在厕所里都可能带着电脑在工作，他们不会放过一分钟的时间。那是真爱，那是一种为自己而拼搏的上瘾的状态，但是给别人工作，还是得在专门的办公环境，即使如此，大部分人还是会尽可能地偷懒。

一个人去做一件事会因为：不得不，责任，欲望，喜好。大部分人是不得不，社会文化比较浓厚的地方很多会是因为责任，但是欲望和喜好却是主动性的，主动性地工作结果是细致和富有创造力的。这也是大部分雇主希望他们的员工进入的状态，集中式的办公卡位就是为了达到这个目的而采取的手段之一，每年的绩效评估，KPI（Key Performance Indicators，关键绩效指标）等也都是，但都是通过希望用不得不和欲望来调动积极性，但是反而会因为分蛋糕不均匀而适得其反。

现在的企业很少去激发一个更加强大的能动性"点"的，这个点就是喜好。原因是当前的很多人根本没有喜好，他们只想利益，换句话说，赚钱就是喜好。这类人要归到用欲望来刺激的。但是像3M和谷歌公司的创新氛围，就很大程度上是使用喜好来刺激一个人的动力的，也很容易看到他们的成功。然后中国传统的集权文化，很难说服一个领导去尽可能适应他的一个矫情的下属。要下属听话，是东方文化的显著特点，也正是因为如此的职场环境，就会导致社会渴望创新但是无法创新，从而造就了高超的抄袭能力和毫无版权意识的社会集体现象。

日本是一个神奇的民族，他们融合东方的人际特点，但是又耦合了西方的民主平等的观念。自我矛盾是这个民族的痛处，也是这个民族最强大的地方。东方式的人际有助于稳定和调度资源，西方式的民主有助于激发创造力。这两者的融合就是日本。日本可能是融合的一种表现形式，韩国是另外一种，中国是东方文化的发言人，很可能会吸收西方文化进东方文化的框架，而不是对等的融合。在对日本集体行为预测的时候，费勒斯堪称是典范，其在开战年前就能预测出日本会采用神风特工队这种战法，这是基于对民族性格的了解和建立在此基础之上的推论。日本人里面肯定也有反战的，日共就是一直反战；也有不尊重天皇的，战后很多人就直接要求天皇下台。但是任何人都无法阻挡每个人内心的那股潮流，那就是集体想象力认同。日本融合了中西，但是只要天皇不废除，一个典型的集体心理学家都能够肯定，国家动员的侵略根本还会存在。到了某一个特定的时刻，总会有人需要天皇这个招牌，获得权力，然后用天皇的号召力挟天子以令诸侯的可能性永远存在，这就不取决于日本到底是民主国家还是幕府国家了。这种社会文化也极大程度地影响了每个个体的行为，可以说是整个社会的每个个体的行为基础，然后再是个体在自己的日常环境中的影响，最后才是自己的个体意识对自己的影响。通过修炼可以将个体的能动性提高到超越环境，甚至是超越文化的层次，但是那毕竟是少数人。

生命和心理史学

我们知道食品在温暖的情况下容易腐烂变坏，但是冷藏起来可以保鲜，冷冻起来就可以更久。

活的生命体在零下的时候细胞活动逐渐下降，但是解冻之后还能够复活。这个复活需要一定的操作步骤，但是总体的原则就是冷冻降低生命体活性，并且停止了老化。

所以，如果其他星球有生命，温度可能与我们不一样，如此时间观念与我们也相当不一样。我们现在已知的可以改变时间的方法是速度和温度。以目前的认知不太可能有生命体以光速生存，但是零下百摄氏度有生命体存在还是可以的。

这种生命体必然与我们的寿命截然不同，而且已知的大部分星球（除了恒星），温度都是远低于地球的，并且温差特别大。

整个地球，乃至整个世界就是一个思考速度和响应速度比较慢的实体。我们地球人类身处在这个实体中，并且是这个实体的一部分。从这种意义上，我们思维能力也是自然的一部分，也并不是核心。

随着我们对组成根本的理解，量子级别出现了逻辑无法理解的随机现象。并且从这个层次出发，一些不可能的事情仿佛变得可能了。例如远距离量子通信，瞬间即时的，没有介质的通信，中国也已经发了量子通信卫星了。既然量子通信可能，心灵感应现象才有了解释，只是目前还没有使用方法。甚至生命体本身，都有希望通过量子现象进行复活。

我们的互联网存储的信息量迅速膨胀，已经越来越接近生物体细胞级别的数量级。人体之所以不可理解，是因为规模，如果有一天人脑可以存储，就没有我们认为的生命可言了。而这个问题一定可以解决。再怎么复杂的系统，复杂到我们不可以理解，都可以建模，我们已经发明了神经网络，SVM（Support Vector Machine，支持向量机）等一系列机器学习算法来帮助完成这件事，而且正在迅速发展。有一天，人在跟机器做了足够的交互之后，机器就完全可以学会你、伪装你，像你一样思考，从某种意义上看，机器就是你。你所在的社会的人，对机器就像对你。因为机器拥有你所拥有的稳定的一样的性格特点和记忆，这也算是通过了图灵测试了。

生命、往生、来生，这个困扰全人类几千年的问题，忽然就会被认为根本不存在。当你和机器不能区别的时候，生

命又是什么？当你在电脑里长生，给你安装了比人的器官更先进的机械手臂的时候，生命又是什么？

会有相当大的阻力阻止这个世界的到来，但是这个世界终究会到来，人类不再生病，不再脆弱，完全机械化。人类放弃了情感，保留了逻辑。但是也一定有一部分很大程度地放弃逻辑，纯粹地发展感性。阿西莫夫是我最尊重的作者，原因不是他的故事有多么精彩，而是他所刻画的世界正是我认为的未来的我们的世界。

这就是心理史学，一个超越个体生命存在于整个世界生命体中的永恒规律。

第二节　感性与理性

在涉及理性与感性的时候，我们是在说人与人之间相同的部分，所有的人，在这方面都具有相同的反应和相同的行为范式。平时的生活不会有人注意到，但是他们确实是隐藏在生活中的大道理。日用而不知的东西，通常是最有价值的东西。

感性过程与理性过程

当我们思考的时候，必须有前提，才能继续向下推导，没有可以不经过前提而直接的结论。这个由前提得出结论再得出更进一步结论的过程就是理性过程，而没有前提直接得出画面的过程就是感性过程。两者都是一个得出结论的过程，一个按部就班，一个一蹴而就。感觉就是我感觉对了就是对了，如果我的感觉很好，我会对得很夸张，决策效率远远超过理性决策。例如一个国家要做一个决策，要不要和另外一个国家开战。理性决策会分析推导各种可能，最终得出理性认为最合理的答案。而感性决策可能就是我就想打你了，我就打。最后可能是理性得出的答案对国家的利益反而不如感性得出的开战的结论大。这种现象在生活中一般说是想不明白就蒙一个，但是有的人蒙对的概率实在太高，这就构成了另外一种理性决策。这时的最理性的决策就是让这个人靠感觉去蒙。

例如《三体》中有面壁者，有个僵尸片里面有第十人，都是利用的人性乾纲独断的一面。

睡觉的感性和理性现象

睡觉的时候，人的大脑只有感性过程，人必须要将理性过程完全关闭才能进入睡眠，也就是进入完全的感性过程。如果你在思考，即使一直不动，第二天早晨还是很累。但是只要放弃思考，入睡了，第二天早晨就有继续的体力。所以睡梦是人体的动物属性，动物是没有理性的，而人体也只有在睡觉的时候才能完全关闭理性，所以人在睡觉的时候与动物的状态是一样的，与动物之间的关系也是平等的。

白天的时候每个人都是感性与理性并存，而理性越来越占据主导，也正是理性的存在，让人觉得自己可以奴役动物，改造其他动物，成为万物灵长。人与动物的根本区别在于理

性能力。这也是为什么先秦时代，很多人声称可以与世界共鸣，与动物对话。我不认为这是不可能的，相反，我认为那是肯定存在的。在人类早期，人类的理性能力很弱，与纯感性的动物在一起，就是纯粹的捕食者和生物链的关系。那个时候的人们拥有我们现在所认为的所有美德，但是他不会吝啬杀死任何一个动物供自己食用，因为怜悯之心是理性的基本原理而不是感性的。

　　怜悯是因为知道如果杀死这个动物，它的妈妈会对此伤心，而此时对比的就是自己的妈妈，这是一个思考过程，是一个理性过程，虽然很快已经形成习惯，但是这也只是说明，这是理性的最基础使用方法，人人都可以在自己很小的时候掌握。人也不会去大量猎杀动物，甚至圈养动物，因为这些也都是理性思考的行为。人饿了就抓动物吃，其实近代人类也有一部分停留在这个阶段，非洲拥有最肥沃的土地，但是基本没有耕种，因为他们可以轻松地靠打猎获得食物，他们也不会去过量地打猎，我们现代人认为那是懒惰，但是那是人的原始状态，并不是懒惰，而是一种适应环境的生存方式。他们不需要改进自己的生活方式才能适应自然，所以就不会改变。老虎也不会圈养一些羚羊来防止自己以后没饭吃，或者跟其他的老虎交易。总的来说，动物睡与不睡都是感性过程，人在睡觉的时候是纯粹的感性过程，清醒的时候是感性与理性并存的过程。

如果无法让理性系统停止活跃，人无法入睡

　　所以动物不会失眠。如果你想要治好睡眠，就活得像动

理性人

物一样单纯，或者可以活得像动物一样单纯。前者是绝大部分的感性，后者却是几乎绝对的理性。理性极强的人也是不会失眠的，因为什么事情都已经有解释了，他不需要在晚上仍然打开理性系统去分析和思考。

我们一直说得比较玄幻，其实只是现象。不追求本质不是我的风格。兴奋是脑力活动，也就是神经系统的活动。只要让神经系统停止剧烈活动，就可以入睡。理性活动是思考，思考就是一个神经系统剧烈活动的过程。所以多思考防老年痴呆。而茶叶、咖啡等着实能给人兴奋，这是生理性的兴奋。关于它们的原理解释有很多，无论怎么解释，都是用外在的化学物质让大脑处于生理不正常的活跃状态。所以，睡不着确实是因为大脑活跃，但是不一定是在思考。化学物质也可以，天生的神经衰弱也可以，外界的气候湿度甚至也可以，这与思考带来的活跃是不同的，但是同样都能让人睡不着。但是我认为，如果你能很大程度地放弃思考，无论神经系统如何活跃，你都能入睡。因为其他的活跃都是思考的放大，如果你没有思考，零乘以零还是零。

如果一个人在白天的时候释放了太多的感性，晚上可能无法关闭理性，无法入睡。佛说，五味皆苦。我也愿意去相信平静的心情比开心都重要。这个就与思考没有关系，纯粹是感性自己在玩自己。没有人能够完全关闭感性，即使是特别理性的人。但是大喜大悲之后，理性程度比较高的人可以很快地平复入睡，但是不那么高的人就要疯了。大喜大悲看清自己，大起大落看清朋友。你在看，就在想，用你那感性激荡，不怎么理性的逻辑在想。你如何平复你的神经？所以，除非是理性程度比较高的人，不要轻易地纵容自己的情绪，伤身。

现场举手表决的结果大部分是感性的

不记名投票的结果是绝对理性的，但理性水平是平均的。一堆人聚在一起，情绪的渲染和对少数的怀疑，使得大部分人不愿意或者不能沦为少数，有的少数甚至会被人身攻击，因为是现场的，情绪渲染一聚集就会放大，集体最容易失控。只要深谙这个道理，就可以作为一个演讲者精确地控制集体，近代这方面做得最好的就是希特勒（大部分的外国选举出来的总统都有一定的煽动能力），还有马云的语言也很有煽动性。这种演讲的能力其实不是口才能力的体现，而是对集体情绪的操控能力，只要知道集体情绪什么时候会被调动起来、什么时候会让他们群情激奋，就可以用容易的言辞来蛊惑。

这里的基本原理是，说尽量没有直接逻辑的，但是又可以刺入人心的话，这些话如果平时单独看到就会略过，回去思考也会觉得说得其实没什么道理，但是在现场，大家没有时间和机会去思考，只是跟随第一反应一起附和，这就是演讲学的奥秘。而不记名投票没有这种渲染，纯粹是参与的集体的平均素质的一种体现。我们看社会 80% 的财富集中在 20% 的人手里，二八原则在现代几乎也已经不适用了，甚至是 90% 的财富集中在 10% 的人手里。强者恒强，弱者恒弱，在投票的人群里也有强者，也有弱者，如果把见解能力与财富的掌握雷同，那么见解能力强的 20% 的人至少应该拥有 80% 的投票，才能正确地反映出这个社会按照见解平均的决策能力（复杂网络的小世界模型）。而按照人头平均就相当于开董事大会，无论持股多少都是一人一票，大股东更能准确地决定公司的未来，但是他的话语会被淹没在万千的小股东里面，这种人头选举是对社会决策能力最无情的抹杀。人头投票得出的政策一定是越来越少的工作时间，最好不工作，但是越来越高的工资，最好是世界最高，人们一起喊着要善良，但是没有人愿意善良，人们一起喊着要帮助需要帮助的国家，但是自己却不愿意去帮助。通常这种集体做的事情都是个体不愿意做但是想做的事情。集体与个体表现出人格上的分裂。

但是如英国般成熟的集体决策却是少有的，在二战中立下了汗马功劳的丘吉尔立刻被选下去了，换上了能发展经济的人。这个社会的集体决策不受情绪渲染支配，但是缺陷也就很明显，人们不太容易达成一致，社会相对容易撕裂。

感性是生存的最终目的和最高享受

理性是实现感性的手段。我们发现很多人为了利益做事，为了利益思考，真的是这样吗？这只是表象。企业主为利益去制作各种商品，目的是销售，而销售的对象是人民，而人民购买它们确实是为了享受的。所有的生产都是为了购买，即使是生产制造机械的，被企业购买来也是再来制作卖给用户的产品。人们购买产品有的是方便、有的是喜欢、有的是送礼，而送礼的对方也如购买者一样才会喜欢并接受礼品。归根到底就是一个字：爽。

"爽"这个字是感性愉悦的最恰当形容，任何的感性被满足的时候，人的状态都是爽。即使是数据库这种强大的看起来像纯技术的东西，没有需求也一文不值，而需求就是为了满足用户的爽。如果人们对快速点击鼠标有强大需求，那么如何能最快速度处理点击事件的算法将会成为最强大的算法，而现在也正是因为人们没有这个需求，所以这个算法大家不怎么觉得其技术含量多高。需求有多强烈，满足需求的手法就会显得多么厉害。需求是感性的，而满足需求需要理性的工作。所有理性的工作到最后都是为了满足感性的需求，但你自己的理性工作的直接成果可能是用来满足别人的感性需求，而别人的理性成果却是用来满足你的需求的。我们拼命挣钱，就是为了花的，如果钱不能使用，挣钱就毫无意义，而使用钱理性目的的叫投资，感性目的的叫消费。而投资确实是为了挣得更多的钱，如果这是一个状态转换图，资金的投资将会转换回资金，最终的出口状态还是消费。即使是国家做投资，购买产品服务于集体目的，其实本质上也是在促进国内的生产，对于国家集体来说，国内的繁荣它就爽，国家强大它就爽，所以它的购买也都是服务于让自己爽的目的的。从这个意义上，国家的感性的那一面就是人民集体和国家集体的幸福感和国家的强大。

　　然而国家集体本身的理性属性在大部分情况下是远远压制它的感性属性的，没有存在目的的国家明显缺乏前进动力。现代国家集体的普遍前进都是基于互相竞争超越的激励，然而对于看不到明显收益如探测地下、深海、南极等，各个国家也只是有条件地去做一点，而不会像一个人想要做一件事情那样不顾一切地去只为情怀。

理性人

男性与女性

男人与女人的性格区别很明显，但是深层次的原因却很少人去深究。首先要考虑的是男人和女人在生理上的不同，然后是社会环境的不同。社会环境本质上也是由生理问题决定的，但是社会环境又会反过来加深对性格的影响，形成稳定的循环。

我们见过很多女孩子小时候是很女汉子的，越小越难看出男女之间性格的差异，直到女孩子意识到女孩子要爱美、女孩子要保护身体的一些部位、社会上男女是有区别的这些社会概念之后，女孩子开始像女孩子。这个像就是女孩子开始爱美、开始与男生保持距离、开始保护自己的身体、开始在性格上收敛。唉，这个性格是什么鬼？大部分女孩子性格比较内向（大部分，相对于男孩子），怯于冒险，比较守规矩，这种性格的深层次原因是什么？

很多女孩子刚开始这样是知道女孩子就该这样，不这样就会被别人认为不像女孩子。但是就该是这样的观点是怎么形成的？女人要来生理期，女人身体素质普遍不如男人，力气也不如男人。这就决定了，普遍意义上男人一定会比女人更热爱冒险（力气大让男人从很小的时候就知道他能做到女人普遍做不到的事情，并且男人中的谁能把女人做不到的事情做得更好就更容易得到女人的认可，这是生物的求偶本能）。女人的眼光普遍不远的深层次原因，只有当男人患病的时候才有可能理解，当你身体可以撑得住到下半夜也高负荷运转，从来不知道什么叫生病（大部分男孩都有这个阶段），你就有充足的精力去思考、去更放肆地生活，但当你身体频

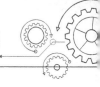

频出现问题,你想得更多的就是老婆家人孩子(当你成年后)。如果没成年，你想的就全部是如何更好地对待自己的身体，让自己过得舒服一点儿。

所以，你会发现，男孩子如果从小体弱多病，性格就普遍比较内向，比较像女孩子。女孩子如果从小身体强壮，性格就有更大的概率像男孩子，比较外向。但是由于女人不可避免的生理期、胸胀、胃疼、怕冷、睡眠不好、便秘等女性普遍易得的疾病和天性，让女性普遍没有经历一个理性的完全不用考虑身体问题的时候，而这个时候是对性格和价值观塑造的关键时候，导致女性更多地关注自己的身体。从这个衍生出的性格就是女生更喜欢小幸福、更偏向小资、更容易爱卫生、更容易内向，也更容易喜欢文科这种快速回馈的知识点，而不是理科的需要积累才能产出的内容。这都不是绝对的，但是是一种统计学原理和现象。

也正是这种生理问题导致的不同可能的性格，导致社会回环不断强化男女之间的区别，导致这种概念根深蒂固。现代社会随着医疗的发展和女性更高的教育水平，越来越多的女性开始像男性一样思考，并且在某些场合不输于男性，但女程序员毕竟是极少数，男女之间的性格根本差异还是存在，并且无论妇女如何解放，这种差异都不可能消失。

如果感性人与理性人在一起了

理性人说话，会毫无感情地根据概率来预测说：我们基本会迟到，奶奶可能这两年就不在了。但是感性人会特别敏感，如果别人这么说，他不惜为此打一架。理性人会拿物质和做的事情去衡量对你好不好，而感性人看感觉。你做得再多，不走心，他也不领情。

感性和理性结合的夫妻的矛盾是不可调和的，除非一方能理解另一方。

这里面是两种完全不同的思维方式。对自己的感性有序意味着对其他人的理性无序，但是理性有序的建立速度高于感性有序。这里的有序就是大脑可以顺利地按照这个逻辑思考。所以，一般夫妻双方理性的那一方最先理解感性的那一方，前提是理性方愿意去理解感性方，但是理性的那一方即使理解了也很难改变自己关于对错的尺度。这里的有序是指符合自己的思维方式。

理性人当理解了感性人之后就可以使用基于感性的理性来处理两者之间的关系。那虽然不是感性人想要的热忱与真心，但是毕竟感性人想要的形式理性人都知道该怎么做、什么时候做了。前提是理性人真的想那样做。所以，理性人本质上是很难有生理爱情的，但由于完全的理性人又不存在，人们也或多或少地拥有感情。但是随着现代社会的发展，感性在快速被磨灭，一部分家庭条件好一些的孩子还是非常感性，他们很可能在与未来的接近机器的理性人相处时发生严重的家庭问题。

生理爱情

现代化的今天，每个人都接受教育，每个人都学过数理化，每个人都一定程度上养成了理性思考的方法学，虽然仍有很多女人比较感性，但是人整体越来越功利、越来越贴近于经济学的理性人。

　　但是每个人仍然有爱情，无论一个人多么不相信爱情、无论一个人多么理性。理性程度很高的人确实不容易产生爱情，但那不是因为他没有了爱情，而是因为社会环境给他塑造了逃离爱情的环境。理性以冷酷的社会为生存土壤，这个集体理性的过程是不可逆的。但是如果忽然可逆了，人们可以一边理性地思考问题，一边感性地决策。两者看起来冲突，但是却可以共存。

　　所以，感性从来没有消失也不会消失，但是确实会有一天由于不可逆的集体理性不断地发展使人们忘记了什么是感性，他们会忽然发现并且重新找回感性，尤其是在文化比较沉淀的文明古国，感性回归来得尤其快和猛烈。

　　再如何理性的社会，年轻人是少接触社会的一群人，即使未来年轻人越来越早熟，他们的其他感性能力丧失得很快，但是爱情能力也一定是最后丧失的。因为客观的事实是教育时间只会越来越长。他们以荣誉和智力论断人的时间只会越来越久。学生的最显著特点是不需要过度的逢迎和钩心斗角。即使很多地方需要了，学习好也能过得很好。

　　工作之后大部分人会逐渐地丧失激情，但是学生空余时间多、思考时间多、忧虑的东西少，爱情有它生存的必需土壤。所以，未来的社会无论多么无情，爱情都是成长过程中最后丧失的感性能力。

　　那么爱情到底是什么？对于几乎任何一个女人，如果你表现出对她的热爱，她都不会对你冷酷，除非是认真地强烈地拒绝你，而这也仅发生在你追求人家了。这里谈论的是一种感觉，这种感觉，无论男女，无论对方是谁，都是本能的享受，有一个人喜欢你，那是一种如沐春风的感觉，甚至再饱经世故的人也会感性萌动，只是他不会接受，经历告诉他，对方可能有所图。

爱情是一种生理现象。那种感觉可以通过眼神传递、可以通过语言、可以通过举止，一个人不用经过后天的训练就能感觉出对方对你的好感的表达，反而是后天的训练让一个人学会了隐藏自己的感情。

爱情是一种天然的雌雄之间的吸引力，像普通动物一样。那些同性恋之间的爱情是后天的吸引，不是源于本性。不进行任何的后天教育，只给他喂食，让他长大，他是断然不会喜欢同性的。

男人的爱情来源于对对方的好奇心，来源于对方的不可预测，来源于对对方气质的自然的追求，来源于怜惜对方的保护欲。不直接来自任何物质上的和学问上的崇拜，但是学问和物质能够诱导气质的变化，这是间接的影响。

举例说明上面的话。如果你爱上一个女的，她很容易地就答应你了，然后她立即把她的一切都跟你说了，她担心的、她爱的、她讨厌的。这样之后你对她的爱就会立刻消失。爱情像怜悯之心一样，一直怜悯一个人需要对方一直能满足你怜悯他的条件。很多人说爱情不长久就是这个道理。但是如果是你刻意留心她爱的、她想的、她担心的，甚至是你想尽办法打听到的，并且主动去迎合，这就丝毫不会让你对她的爱减弱，因为好奇心依然在，你永远不知道你知道的是否完整，甚至你知道完整了，好奇心也会变成爱情的另外一个动力：保护欲。同样是获取到一个你爱的女人的信息，有的能让你失去对女人的爱，有的能够继续让你持续，甚至加深。这取决于女人的表达方式，爱情最神奇的地方就在这里。维护男人的爱情，需要女人懂得如何去维护，同样，维护女人的爱，也需要男人懂得如何去维护。

　　前面说理性发展到后期几乎不会有爱情，但是现代的婚姻法仍旧有将男女强制绑定的方法，刚开始的时候很多理性的男女会互相防备，有的会在结婚前买房子，有的会在结婚前转移资产给父母。对于另一半的外来者，非常理性的人会尽一切可能不受利益的损失。现在这种人在农村出来的人群中非常普遍，也不是说城里没有，只是一个统计意义。现代人又说他们是渣男，又是凤凰男。他们并没有做错，只是不敢拿拼搏而来的全部身家去相信一个人，这是一种骨子里的不安全感。这里的关键问题在信任，而两个人在一起久了是可能产生信任的。现代社会尤其是广东和西方，谈恋爱甚至结婚后都 AA 制，信任几乎被从制度上斩断了，如此的婚姻，不太可能在东方文化圈产生生理意义的爱情，但是如果是西方文化圈，他们的女人对男人的生理爱情来源并不一定最终要来自依赖感，更多的是类似崇拜热爱。他们要求两个人之间一直保持着初始的激情，而这种激情必须要 AA 制才能维持，也必须在男女绝对平等的社会才会有可能，但是很有可能因为一点儿不顺转身就离开了彼此。在东方大部分地区不具备这种社会土壤，女人的职责被清晰地定义，虽然已经平等很多，但在每个男人和女人心中都是不平等的。西方讲究的是两个独立的人格一起碰撞的火花，东方是家庭组建的各

理 性 人

司其职。我们这里主要讨论东方社会。

我们假设两个非常理性的人，从结婚时刻还是非常理性，而且婚前并没有财产争议，并且婚后两个人的财产全部放到一个账户，时间久了，两个人要么因为花钱不均匀而离婚，要么一方牺牲自己整个家族的利益继续维持感情（这在理性人群越来越少见），要么两人就会逐渐达成默契从而产生生理爱情。以后这种产生生理爱情的情况会越来越少，但是会一直存在。而同学或者是从小就认识的两人如果结婚，这个概率就非常大。这就是因为上文所说，在爱情没有泯灭的时候产生了爱情，那是生理的爱情，是刻骨铭心的记忆，再理性的人也不忍亲手葬送自己的美好。每一个恶人心中都有他所珍视的美好，这是人不可抹去的记忆属性，理性人更是一样。

所以未来的很长时间，生理爱情要么在进入社会之前产生，要么就找认识的同学或者从小一起长大的人。

对于东方女性来说，生理爱情产生的条件与男性不太相同，维持的原理也不太相同。女性的生理爱情产生自崇拜与天然的母性，维持靠的是依赖感，也就是常说的靠谱。所以可以用互相的熟悉而让女方产生依赖感而产生生理爱情（一些老套的各种照顾的泡妞大法就是基于这个塑造他会一直对我好的印象而成功的），也可以用让对方的崇拜而产生生理爱情（多见于女追男，或者是心机婊的男的用这种方法让女的主动）。所以常见的稳定的女性生理爱情多见于非常熟悉的哥们儿，或者是男性满足了女性对崇拜的定义，并且会持续崇拜，最后转化为依赖感。即使非常理性的女性，在长期的相处后，如果产生了依赖感，也会产生生理爱情。如果男人相对于女人太屌或者太不靠谱，女人的依赖感难以产生，则女人几乎不可能对男人产生生理爱情。

所以很多社会现象也很容易解释。比如大部分女人很看重男人的经济能力，因为依赖感确实容易产生于经济条件，在现代社会没有经济条件，则几乎不可能产生依赖感，即使产生了一点儿，也被一件一件的事情给磨灭了。看病去不起医院，谈何依赖？喜欢的东西吃不起，谈何依赖？不应该用拜金来如此评价女性，很多选择了贫寒子弟又不努力的女性，最后都是后悔，也谈不上爱情了。生理爱情的产生，本质上是一种物质现象，有什么样的输入就会有什么样的输出。

但是大部分的人生活不至于寒酸，只要女性本性不贪婪，还是很容易产生生理爱情的。月薪4000元以上的男人，足够让一个数量级或者低一些的女人产生依赖感。即使女性收入比男性高，只要男性靠谱，爱情还是可以继续。所以女性依赖感产生的条件，几乎全部来自男性的性格靠谱程度、经济实力。所以门当户对很重要（尤其是房价很高的时候），即使不是，也该是男方更富足一些。但是，如果是女方明显更富足，只有男方的性格品格非常好，并且非常靠谱的情况下，特别富足的女性和品德非常高上的男人之间才会产生生理爱情（被骗的不算，那种刻意对女方讨好的也是可以的，但是产生爱情即使是也是单方的，并且理性的女人只会享受这个舒服，内心也是明了的）。主要是因为如此道德感强烈稳定靠谱的男性在经济社会几乎要灭绝了。

学生之间，学习并不是直接回报以利益，所以更容易产生兴趣，产生爱情。

国家从政策层面是不太可能会考虑到如何在社会上维护爱情的。例如，现行的婚姻法保护婚前财产，导致了理性人都想办法在婚前公证财产，这是理性人的理性选择，而这样的理性选择也就导致了两个人婚后的不平等。例如一个人婚前有一千万的财产，而女方只有十万的婚前财产。但是他们两个的收入能力相当，大概人均一万。在相处之中，女方在争执的时候就会倾向于让步，男方就会倾向于欺负人。人是主贱的，你能欺负以后就会更加欺负，生理爱情就永远不会产生。因为一旦离婚，女方相当于被扫地出门，男方继续是富翁。这种关系，反过来也是一样的，所以婚姻法直接从根源上杜绝了这种情况爱情的产生。如果既要防止一方图谋另一方的婚前财产，又要保证夫妻共同财产的稳定，可以对离婚的双方婚前财产课税。对于这种婚前财产远大于婚后财产的情况，课以重税。例如当婚前财产超过离婚时候分割的婚后财产的100%时，课以80%的税，50%的时候课以50%的税，10%以下的就不课税。如此图谋富人财产的得不到好处，但是仗势欺负经济弱势方的人也无法得逞，并且只有真心相爱富人才会冒险结婚。现代的富人普遍不愿意结婚，这也是怕出来的。既然钱可以解决问题，为什么还要用财产去解决？很多理性的富人会这样想（第一代富人大部分都是这样，也几乎是屌丝翻身，为富不仁的代表）。这种现象，国家也应该出手阻止，课以单身税。40岁以上，资产达到一定程度的，需要课以单身税。只要是中国企业的股东，无论国籍，都在课税范围。这只是在当前的框架内的一些可能接受的做法，随着社会的发展、理性化的加剧，出生率下降几乎是全世界的普遍现象。鼓励生育以至于国家直接抚养甚至都有可能出现，当社会进步到孩子脱离家庭成长的时候，爱情又是另外的模样。

理性的大多数人，是不热爱国家的，只要不利就会离开国家，背叛国家。留在国家是要他们的经济能力为国家的经济做贡献，但是不能罔顾了道德。对于小人，该惩罚的就要惩罚，否则对整个社会都是巨大的负面影响。曾几何时，奢求普遍以小三的数目来衡量一个人是否成功。也正是由于国家对这些人的纵容，导致了人们越来越只爱自己，不爱集体。如果做坏人不被惩罚，反而过得更好，为什么要做好人？这是一个理性人的正常思维路径。但是国家层面有另一个逻辑，就是不利的社会风气没有必要大规模惩罚到个人，而是可以通过自上而下的引导来改变社会，让以前作恶的人以后不敢再作恶，这个逻辑的出发点是人民都是好的，如果不好了那是国家治理的问题，改也应该是自上而下的改。经济并不一定是最重要的，让我们还是我们，留住我们该留住的东西有时候更加重要，但也不是说社会道德就是最重要的，有的时候来之不易的国际环境发展空隙一旦来临了，就得不惜一切代价抓住。兼顾权衡的变化之法，才是永恒不变的。

真理与道理

我们把物理存在的叫作真理，人们普遍认可的叫作道理。真理和道理都是理性的逻辑，但是一个没有人参与，一个有人参与。真理肯定是道理的一种。很多无法证明无法证伪的肯定不是真理，但是却是道理。有时候它背后的逻辑却又是真理。例如罗素硬说地球和火星中间存在着一个陶瓷茶壶谁也没办法。什么叫物理存在？我们又只能以我们认为对的方式去说，没有观察到暗物质的时候，我们对物理存在是一种认识，没有相对论又是另外一种。道理通常具备更多的社会意义，在有的社会成立，在有的社会不成立，而真理有更多的物理意义，取决于当时的物理水平。而真理的理却是要用道理来表达的，理归根就是逻辑。而逻辑基于不同的初始条件很可能推导出完全不同、大相径庭的结果。无论道理还是真理都是动态的，那些为求道而死或者为真理而死的人真是太不值得了，因为他们的理想位于那个时间点，而他们自己却只见证了漫长时间轴里面的非常小的一小段。如果我要求道、求真理，理性地说，只要我不傻不懒，活得越久我学得越多。因为世界不是你一个人在奋斗，全世界都在为你服务，你也在为全世界服务。人类世界最可悲的不是疾病和战争，那些带来的大都是肉体和精神上的折磨，而中断了人与人之间的分享思想的渠道，却是对人类这个整体的折磨。以上所得道理，也全部是一个当前时代的个体以当前时代的认知所想到的在当前时代都不具备广泛道理的道理。万一时间本身都是可以改变的，速度又有什么绝对道理？真实的复杂的世界背后的方程组总是简单得让人发指，而这个方程组本身很可能还写得复杂了。"自然法则的存在本身就是非自然的"，而更不自然的是这些规律都能用数学表示，自然世界反而更像一个数学程序。你在别人设计的程序之中所悟出来的任何道理、发现的任何真理都显得如此荒谬和可笑，包括我的这句话。当人们普遍开始理解可笑的世界和渺小的自己的时候，尤其是物理学家，他们都只会说我能用什么来解释什么，而只字不提真理和道理。

光穿越银河系要 10 万年，去银河系最近的邻居仙女星系要 200 万年，而银河系单恒星就有 2000 亿颗，太阳环绕银河系的移动速度是每小时 486 000 英里，走一圈是 2 亿2600 万年，而这个轨道半径宇宙说只有 156 000 兆英里。你觉得你的伟大，完全是因为无知，你觉得你掌握的真理和道理，在同一个种族的未来都几乎不会残存。古往今来的英豪都化作黄土，只有最优秀的思想和物理世界才永存，而这个永存也是相对于我们的生命很大，如果相对太阳系绕银河系的时间，可能连半圈都扛不下来。威尼斯人索兰佐在 1576年写的一份述职报告里谈到波斯的时候，他就说人们走上 4个月，仍然走不出来。地中海在航海术出现后之所以比陆地繁荣，因为船可以去海内的任何地方，都是直达。而陆地有关卡、有猛兽、有强盗，最重要的是慢。人们认可的好的地方在变，不变的是评价的标准，对于集体就是拥有最便捷的交通网络，对于个体就是拥有最多的机会。集体选择地点，个体选择集体。而后来的人们，总会看着过去的那些人的追求是如此可笑和渺小。就像当代几乎我们每一个人的生活水平都已经远远超过即使最强大朝代的皇帝。我们在感觉过去的渺小的同时，就必须要同时想到，当我们成为过去的时候，我们也一定会被同样看待。

你终究要被你一辈子试图征服的世界所征服。我们的财富地位在时间和空间面前毫无意义，但是，我们的头脑能够与更广阔的世界谈谈。生产力的提高只是在更深入地理解了物理世界的应用，而进步的最本质在于实际地更加深刻地理解物理世界。毕竟"我们只不过是一群处在银河系边缘、站在一颗以石头为主构成的碳基猩猩的后代"。

第三节　集体与个体：社会

科技，阶级，自由

人类社会天生是阶级的，去阶级化的过程一定是偶然的，但是又是必然的。偶然的原因是如果社会稳定前进，去阶级不可能发生，必然的原因是一旦去阶级化发生了就是不可逆的。所以就算是非常偶然的事件，只要发生了，就是不可逆的，那么其发生就是必然的。我们现在普遍认为去阶级化的人人平等才是社会该有的样子，仿佛世界本来就该是这个样子，大错特错。世界的天生属性就是阶级的，就像人的天生属性就是嫉妒贪婪的一样。人的贪婪嫉妒在磨合的过程中会被压制，世界的阶级属性在磨合的过程中也会被压制，这是一个道理。是个人道德和集体道德被同一种力量压制本性的发展过程。

与人的本性一样，只要现有秩序忽然消失，人类社会就将是等级制度的，因为此时没有机制压制本性，所以集体本性就会出来了。所以，我们走到今天不容易，我们不为我们建立的这套制度后悔。但是这是文化文明自己发展的结果，只是现在又出现了科技文明。科技是一种文明，一种全新的文明，一种我们丝毫没有经验的文明。而科技文明的本质作用力会重新把我们带到高等级社会，这一点需要详细解释一下：权力来源于信息不对称，而人的数量可以抹杀掉信息不对称带来的权力质量。所以文化文明的发展过程中，始终是数量在颠覆质量，而被统治的数量占多是永久的，所以数量一直可以颠覆权力质量，促使文化文明更加平等化地发展。

　　而科技文明不一样，数量在科技文明上的地位越来越差，质量的变迁可以做到以小博大，一个单位可以敌过上亿单位。例如一个洲际核导弹，你即使有再多的人口都无法抵御。想要抵挡一定要有相当质量的科技存在，数量在科技质量面前不堪一击。当科技文明深入人类社会，这种权力条件就会对人类社会产生影响，统治者拥有的权力几乎是无限大的，大到没有任何叛乱发生的可能。当前之所以能维持，是因为有国际监督和制衡，试想如果是一个国家，最终必然集权，集权之后必然是不可推翻的，因为其掌握了最高质量科技权力，无视所有数量。有一件事情是悲哀的，世界一定会统一，科技一定会继续发展，君主制一定会回归，而高压随之而来。也就是说，无论人类如何努力，上了科技的这条船，人类就给自己选择了这样的结果：秩序，并且随之放弃了文化文明斗争千年获得的东西：自由。

集体的道德问题

　　随着经济学的普及，理性个体越来越多，多到很多集体都是由大量的经济学理性人组成的。有些行业，例如金融，天天面对纯粹的数字，每天计算利益，如果没有上一代束缚，很多人就已经丧失了基本的道德能力。工作以利益为价值观导向的人群，最为严重，中国历史上讨厌商贩的根本原因就在于此，一个以德治国的国家，是容不下金融和贸易坐大的。

现在世界上很多地方毫无人权可言，由于掌握了高超的武器，统治阶级也就具备了极其强大的镇压能力，从而可以为所欲为。典型的情况发生在非洲的一些国家。镇压工具的提高，如果没有外国强势介入，放在以前，统治者只可以劳役人民，发动战争，但是放在现在，统治者可以做一些很恐怖的事情，例如克隆人、克隆器官、养殖人体抽血取精以维持统治阶级的寿命，这些事情在以前不可想象，但是如今技术不断成熟。有的统治者敢于作恶，有条件作恶，于是他们可以利用现有的技术做出很多国际文明社会明令禁止的事情。如果换血真的可以长寿，那么一部分人（统治阶级和一部分可以接近邪恶统治者的权贵）就可以不但在社会地位和财富上与群众拉开差距，在生命本身也可以，而这一点是无数的人愿意倾家荡产来换取的。

人们在国际社会制止核扩散，目的就是防止被邪恶统治者获得，同样也禁止这样的生物工程，但是后者不是那么容易禁止的，几乎任何一个集权国家都有条件秘密进行实验甚至大规模生产。指望理性决策者以道德来指导自己的行为，我们都知道这是做梦。在开放的国家，这种事情，科学家就会出卖自己的政府，从而让政府直接下台，而不发达的集权国家，这种事情可以说是有极大发生的概率。在时间的长河中，概率几乎可以变为绝对事件。即使不是这些不发达国家，在互相还讲究道德的文明国家，道德在人群中有大利益的时候也从来不能长久。没有人知道日本当年在中国用中国人做了什么人体试验，事情放到现在，他们能做的只能更多，不会更少。

道德在集体内部有存在的必要，是出于统治目的和政治理想。在集体之间存在的目的，纯粹就是理性地害怕被其他成员惩罚。因为集体也可以组成集体，但是集体的集体没有绝对的领导集体，不可能进行充分信任的统一设计。所以一旦集体之间的惩罚能力下降，例如大家都执行闭关锁国政策的不干预政策，遮羞布就毫无存在的必要，集体之间就毫无道德感可言。这种情况出现在无数的弱肉强食的时代。例如现代战争一般不伤及平民，优待俘虏，这套是西方发明的，因为他们总是互相打，战争就是战争，是一个单纯的交战过程，而当西方面对东方国家时，东方国家就不存在这种约束。战争不只是战争，是两个民族你死我活的终极角逐。而西方对美洲和非洲的时候也并没有执行他们的优待俘虏和不屠杀平民的政策，这也就充分说明了这个政策是西方社会的一个集体之间的约束关系而已，并不是道德感使然。所以可以预计，如果集体互相锁国，战争必定屠杀平民，必定奴役俘虏。二战的时候只要做了苏联和日本的俘虏基本上是判了死刑。这也就是因为俄罗斯和日本不是传统的西方社会游戏的参与者，他们不知道惩罚，也不害怕惩罚。

只有由理性个体组成的民主集体才会讲求集体道德，因为这样的社会的人群的特点都是公德比私德好很多。他们的国家会去追求正义，追求集体理想。但是在看到了巨大的利益之后，这个集体也可能会迅速地完全抛弃集体道德，转而全民追求利益。集体就像感性的女人，你永远不知道她会什么时候不开心。

个体在平时是感性的，做决策的时候是理性的。但是集体正好相反。一般的情况下集体呈现出理性，但是当面临重大抉择的时候，集体会不可理喻，毫无人性。

集体目标的产生与集体目标下个体的道德问题

当集体之间发生交互的时候，集体有时候会有明确的彼此针对的目标，有时候则没有。例如两个企业之间的竞争，企业主会非常乐意员工自发地偷取竞争对手的商业机密用在自己的公司，只要别告诉自己。两个国家之间发生战争，分别属于两个国家的个体很多时候可以任意地杀戮对方的国民而不受到惩罚，甚至受到本国政府的鼓励。两个部落之间一旦产生了相互的目标，例如将对方逐出一片丛林，部落的成员几乎不会对对方客气。

集体之间的目标很容易阐述清楚，但是个体怎么做才能是符合集体目标的，会有很大的弹性界定空间。例如两个信仰之间的企图互相同化的集体目标，属于一个集体的某个个体可能以杀戮的方式解决了不愿意驯服的另外的集体的个体，而在本集体通常是得到了肯定。我们在两个村落之间竞争资源的时候也能看到个体违反日常的道德来达成集体目的的行为。当一个集体产生了针对另外集体的目的的时候，通常情况会对内部符合自己目的的行为抱有极大的容忍度。例如即使如美国讲人权，美国大兵在执行任务的时候对其他国家的人民的暴行也是睁一只眼闭一只眼。

集体目标一旦产生，本集体内部就会形成一致对外的评价准则，起码在形式上要一致对外，否则个体就是违反了集体目标。集体目标不一定能得到集体内部所有人的认可，但是只要集体希望，这个集体目标通常可以演变为集体狂热。再明智的智者，不遵循这股狂热都会被这股狂热惩罚。也正是因为他是智者，当狂热来临的时候，对他而言，最明智的选择就是加入这股狂热。"文革"中大部分人都会选择服从"红卫兵"甚至是成为"红卫兵"，但是也并不一定大家都赞同"红卫兵"，这也正是人们做出理性选择的表现。

当个体发现自己所在的集体处于目标明确，但是集体尚未狂热的时候，个体会倾向于服从自己的选择。他有可能进一步刺激了狂热的到来，也有可能作为反对派的一分子。但是如果集体的掌舵人希望集体狂热，或者随着事态的发展集体越发狂热，立场不鲜明的个体就会快速倒向狂热。如果美国的选举对于投错票的人会有惩罚，这种现象就会发生。并且，狂热的一方无论在针对内部的反对派还是针对集体的目标方都会逐渐地降低道德底线，因为他们无论做什么都会得到狂热内部的人员的支持，而不是惩罚。狂热程度越高，个体的道德下降程度越大。

所以集体掌舵人在制定集体目标的时候会去权衡这个集体目标需要群众参与的程度，日常的大部分集体目标需要群众一定程度的参与即可，例如城市化、消除贫富差距、让社会尽可能公平，都是一种定下了一定的目标然后尽力而为的柔和的做法，也符合中国的传统政治思想：治大国若烹小鲜。

理 性 人

但是很多事情却明显地让集体在一定程度上狂热，例如传销组织，有些国家为了发展经济让全民变成了拜金主义，为了制裁某一个外交国家，国内会启动宣传机器大肆地铺垫和抹黑。国家很多时候是在为了不忘记历史而不忘记历史，如果忘记历史的利益更大，国家就会立刻选择忘记历史。国家所有的行为都是为了达成一定的国家目的。

宗教拥有天然的集体狂热的属性，有的宗教天然携带集体目的。大家在无法执行集体目的的时候可能会选择沉默，但是一旦条件具备，集体目的非常明确的时候，每个人都会将自我意识位于集体意识，ISIS就是极端情况下的产物，这在正常的宗教的世界本身是万万不能发生的。

这里的集体更多的是指国家，因为国家大部分时候对个体是具备独占作用的。企业集体在目标明确的时候，非常难以将个体变为狂热，因为个体可以自由轻松选择他所在的集体，不必忍受与他明显不一致的观点，并且不用担心反对集体目标而被口诛笔伐甚至是人身攻击。但是即使是企业，当狂热是从个体产生，而不是来源于集体的掌舵者，例如一个创业公司，或者是价值观非常强烈的有性格的强势公司，人们容易互相感染，内部容易形成强烈的狂热，从而根本无法容忍反对意见，在公司的层面最严重的惩罚莫过于直接从集体中剔除了。

未来的趋势是个体越来越理性，国家在制定集体目的的同时越来越尊重群众的意见，宣传机器越来越需要更高超的宣传手法才能调动群众去相信媒体所说。正如勒庞所说，群众的声音越来越重要，无论在发达国家还是在发展中国家，这主要是因为互联网和通信这种生产力的变化导致了人们可以容易地互相沟通，从而不容易受到蒙蔽而愚昧。然而一个社会总是有聪明人，大部分人总是普通人，进入到互联网社会，聪明人反而可以更容易地利用互联网的高速传播能力来诱导普通人的价值观。并且这种控制能力不是随着人们普遍认知水平的提高而减弱的，反而是增强的。所以未来社会集体是否狂热几乎完全掌握在背后诱导民意的精英阶级，美国是公认的精英阶级管理国家，虽然他们有总统。这种现象在全世界越是发达国家越是明显。政府干预时一句话能让股市财富短时间内翻倍，也能让房价从山顶一下子掉到山谷。我们目前应该是抵抗这种精英控制拥有最强烈意愿和能力的国家，但是精英阶级的发展速度可能远远超过政府抵抗能力的发展速度。未来的相当长时间，哪个国家越发达，哪个国家就会越活在别人设计的世界里。

集体智能人

大部分的集体是纯理性的存在，除非抽象的强烈的共同想象区间的创造。比如宗教，比如约定法则。耶路撒冷是集体智能人，《耶路撒冷三千年》本身就是耶路撒冷这个人三千年的行为。丛林法则是集体智能的一个性格特点，木秀于林，风必摧之。排兵布阵、破敌破阵本身就是集体智能之间的对抗游戏。集体也是一个人，这个人是由实际的众多的人，下行创造，莫名其妙组成的集体人。这种人理性，因势利导，没有魄力，总会选择最中庸的解决问题的方法。随着社会的发展，个体越来越理性，个人与集体人的性格越来越趋同了。

　　集体也有可能是感性的，并且感性起来就像丝毫没有理性。冷兵器集体作战在势，除非每个士兵都经过韧性的训练，否则一溃就是千里。即使你是百万人对抗对方一万，一万人像秦军陷阵营一样冲锋，百万人也能崩溃，崩溃互相踩踏自杀的行为在溃势形成的时候就毫无理性可言。吴越有阵前自刎震慑对方士气的做法，西晋有前秦草木皆兵。

　　这种集体，宗教可以为了想象的不同而杀无止境，效忠天皇可以集体玉碎，国家蒙难有的文化可以集体毁家纾难，认为自己是优等民族就对其他种族完全丧失人性，人类认为自己是最高灵长，就可以肆意地杀猪宰羊。集体作为一个个体发展的趋势是理性到感性。人这种个体发展的趋势是感性到理性再到感性。其实早期的集体也经历感性的阶段，但是那种集体只能是很小的，进入封建社会后集体就变成了理性存在了，只有在集权者昏庸的时候才会产生感性集体（那也是个体的问题了），而进入现代集权者想要任意妄为基本不可能了，所以现在的集体基本一诞生就是理性的。但是人之外的集体，例如股票的曲线，就像是一个操作的高手，他可以诱空、可以做多，它永远会找到方法让你找不到规律，它永远可以认清你内心的弱点，让你在里面亏损。

　　现代西方间的几次著名战争都具有全民性质的民族行为，而中国战争从来都是军队和政治行为。几乎轮不到中国动员全国力量参与战争，所以对战争的恐惧不会像西方那样愿意为避免它而放弃巨大利益。不怕的人胆大，所以中国不会有畏战的历史包袱和国民阻力，所以他说不惜代价是认真的，而西方只有到不战损失大于战斗的时候才有可能再次参与全面战争。这是对感性和理性模型的补充，有的事情必须要经历才能明白什么是真正的理性。很多时候做没有做过的事情，自己也分不清楚到底自己是理性的还是感性的。

美国的集体倾向于感性集体阶段，他们在给自己规定美国该做什么不该做什么；做什么是对的，什么是错的。虽然仍有很多的国家利益的考量，但是作为一个感性化的集体，美国越来越像一个长大过程中的孩子在形成自己的性格。而性格是非理性的，即使可以与理性并存，有时再理性的人也是想去醉一场的，特朗普就是美国人买的伏特加。

感性集体具有鲜明的方向和不变的性格。这是其可喜的地方也是可悲的地方。通常在残酷的竞争中，鲜明的性格不是好事，利益至上才能在博弈中胜出。所以美国的弱点在于迎合国民，就连总统的选举也是大数据技术的应用。所以控制美国很简单，控制美国的国民即可，而群众在经营阶级看来都是乌合之众。而自由国家的国民是非常容易控制的，美国政府本身却缺乏控制国民的时间。他们的制度在有高度科学化对手的时候有根本问题。

美国人从上到下曾经乐观地认为自由和民主适应于所有文化，却在几乎全世界受到挫败。不是不对，而且理性人前提没有建立。只有民众首先大部分是理性人后，自由和民主才可行，否则给对方的国家带来的不是幸福，而是灾难。

感性集体拥有道德困境：明知道遵循道德对集体利益不利，感性集体仍然倾向于道德。理性的集体是相对稳定的，感性集体发生即使互相毁灭也会去做的概率相对较高。而感性集体又是理性集体发展的不可逆的下一个阶段。

人本性感性，小孩子看理性没有情节的书，睡着的概率很高。但受到系统的理性教育，可以对理性产生兴趣，再看理性图书就可以聚精会神。理性是一种思考方式，不是一个特点。核心是利益最大化。这个利益可以是金钱或者是道德，或者是感觉。凡是追求最大化收益的思考模式就是理性的。所以山东人是基于感情的理性，广东人是基于物质的理性，而很多美国人则是追求感觉的理性。

有一个现象会浮现出来：儒家。儒家作为不符合当代的平等价值观而被近乎抛弃，但是儒家却是绝对理性的学说。基督教和伊斯兰教这些宗教都是通过信徒的信仰让大家心甘情愿去做，即使没有社会好处，人们也会愿意坚持自己的信仰。但是儒家不是信仰，是规则。是如果你这么做了，大家都这么做了，社会就会更美好的规则。这套规则是理性制定的，并且是根据人的性格和欲望制定的。

集体理性的典型：儒家理性

儒家对君子的规定堪称苛刻，现代几乎没人能做到，梁启超、梁思成和他的其他两儿子都是君子，但是现代的经济社会，这样的人近乎绝种。也正是因为难以做到，所以他是儒家的打怪升级的最高级别。你做到了，你就是君子，你守孝了，你才是孝子。这是一套社会打怪升级的评级体系。在旧时代，落后不是因为儒家，而是因为过于强大的中央集权和科举制度让民间丧失了一切活力。

儒家是适应未来的理性社会的，而且可以说是完美地适应。没有谦谦君子的道德约束，人们在可以狂妄的时候就会狂妄，除非吃亏了。社会是一个压制个体缺点的地方，儒家就是这么做的。虽然确实有很多不妥的准则，但是那意味着它需要改革进化，而不是取缔。很多广西人深受王阳明的心学影响，其所在地已经成为中国少有的道德乐土。

儒家从来没有鼓励不去竞争，道家也是。中国需要一本君子养成手册，否则乌烟瘴气的经济发达国家，就是人们想要的吗？在现在的中国大部分地方都可以见到不同地方的人受不同的儒家思想影响成长的痕迹。有传统儒家的、有理学的、有心学的，人们日用而不知的东西到未来某一刻就一定会回归。

个体数量对集体的影响

每个国家都需要每个行业。每个国家都要有写科幻的作家、写奇幻的作家、专栏作家，每个国家也都有开饭馆的、当司机的，也都有学化学的、做电子的。不是因为国家强制需要，而大部分情况是因为它之前没有，就一定有人发现一个其他国家有的领域在本国没有人在做，而他去做了就很容易成功。这种对行业的填充像是不平的泳池上的水，水总是能把所有的坑填满，除非水连没过水底的量都没有。就像一个人口特别少的国家，指望梵蒂冈诞生各行各业的从业人员也不现实。而且现实的生活也使得每个国家有不同的侧重，各行业的人口也不是均匀分布的。

全球化的今天，行业数目一定，人口少的国家，人更容易在行业取得成绩。在互联网时代每个社会主题能容纳的人口是有限的。所以人口多的国家竞争更加激烈，并且创新需求越大，开创新领域的动力越大，对国家治理就有更高的要求。人口相对少的国家更容易混乱。在人才方面，对人才和专利就越不倾向于保护。社会整体倾向于大规模，而不是精品突破。

这些在很大程度上不取决于国家的文化，只能说文化对行业的分布确实有影响。最大的影响因素是组成集体的个体数目，在这里数量的变化直接导致了质量的变化。

马尔萨斯不会承认人口数量带来的质量变化，他如果在今天会让我们去看美国也拥有庞大的人口，但是反而人口越多越乱，印度也是人口大国，也一直没有所说的质的变化。西蒙会说人口太少经济增长就不行，看中国那么多人口，所以有经济奇迹。美国的人口也远比加拿大多，同样是美洲国家，强大程度就不在一个数量级。他们都会用对自己正面的例子证明自己的理论，然而也都会选择看不见负面的现象。

现在科学的发展，人们积累了足够多的经验。其中很重要的一条就是并行性的大规模独立演化可能得出集中式所不能得出的神奇的最优解，但是也做不到集中式资源的里约摩纳哥效率。神经网络无论为多么简单的问题可能都要付出一样数量的数据结构，蚁群算法更是接近暴力地寻找最优解，决策树也更是会穷举各种下级可能，虽然很多时候可以优化。算法界也普遍接受这种模型能够得出比理性思考更有效的解，AlphaGo击败李世石就是一个典型的案例。

而现在世界上只有这么几个国家，并且还互相联系，从国家层面上看，集体已经失去了诞生更精彩世界的可能，只能按照目前大家公认的可行的方向前进，大部分都是国家主义、宗教主义、科学主义等。在这种相同目标的前提下，每个集体都会结构上同质化，因为目标相同，总有人做得好，有人做得不好，做得不好的就倾向于向做得好的人学习，国家也是如此。所以，也只是在现在情况下，可以说数量对质量的显著影响，这个显著的影响还取决于集体当前的政体和文化状态，虽然这个状态也在趋同，或者是走向个位数阵营的激烈对抗。

你可以预测到在中国，图书的价格不可能普遍卖到100美元一本，因为如果那样这个行业就会有更多的人选择写书而不是工作。尝试的人多了，总是更容易出现写得好的，价格就便宜了。这个道理的典型解释就是不是你是冠军，而是所有人中一定要产生一个冠军，而那个冠军恰好是你。这也是经济学的基本原理，但是经济学只作用于价格，而这个一样的道理在集体层面的方方面面都是成立的。

现在阶段，如果没有外力介入，不会有持续太久的战争，即使是内部战争也一样，很快可以决出胜负。而只要在一个不参战的国家，给予每个人 Social letter，也就是让自己的集体变为大规模的并行实验集体，并且用严格的法律监管保证这个试验环境的纯洁，这个国家的经济将会快速发展。这就是美国为什么一直鼓吹他的民主社会的原因。中国也是这种实验环境，但是没有采用民主社会，也是能获得成功的。这里面最关键的是让每个人可以去行动，充分去思考，而只是当前是使用利益作为纽带。这种实验环境，显然数量几乎就能决定质量。然而现实社会不会这么完美，国家博弈、内部权力斗争和资源分布都会对这个环境产生巨大的影响，北欧人不需要太努力就能过上好日子，中东人即使有那么多资源还是贫困。如果任何一个大国不去插手中东，中东一定能快速统一，利用现代发展最重要的石油资源迅速崛起，可惜它没有那个国际环境。

所以，我们这里看到一个集体的发展速度，除了常说的国际环境、政权结构和政权有效性，还有一个很重要的因素就是人口数量。人口数量由于是分布式的环境，在对局面的影响能力上往往受到权力现象的重大改变。

集体与个体在感性和理性之间的关系

集体由个体组成，集体的感性和理性属性在充分民主的前提下完全取决于组成集体的个体的感性和理性的统计学分布。

现实中个体的感性程度配合集体的组织方式共同决定了集体的理性和感性的外在表现。而集体的组织形式又是受个体感性和理性情况分布结果影响决定的。当组织形成是集权制度时，即使集体是感性程度非常高的，统治者也可以压制国内的情绪，执行统治者认为对国家最有利的理性决策，例如印度。即使国内的民众普遍具备了理性的基础，但是也可以在感性的领导者的带领下走向战争，例如拿破仑。

如果集体是充分民主的，那么感性的分布较多，集体就容易冲动，理性的人口分布较多，集体就相对克制。理性较多的集体不容易介入战争，二战时期的英国和美国就是理性集体的典型代表，可惜英国离得近。张伯伦之所以不断让步，大部分原因是克制的国内理性集体文化，而不单是张伯伦一个人的想法。而丘吉尔在打完二战之后，作为全球最重要的功臣之一，立即被英国国民大选选下去。这代表了一个充分理性的集体，理性到没有感情。

而国民党被打到 1941 年才宣布正式抗战，汪精卫还"大义凛然"地投敌。那个时候的中国集体整体迷糊，大部分人看不懂世界的运行逻辑。如果当时的日本不是同时侵害了整个中国各个集团的利益，那么统一战线形成的时间应该会大为推迟。中国的抗日民族统一战线，对于共产党来说是理性的选择，因为自身较弱，抗日可以获得更多仁人志士的支持，同时发展无产阶级力量，并且有道德优势。抗日期间共产党的人数从几万到几百万全是得益于统一战线，但是对于国民党来说是两权相较取其轻的做法，如果日本不攻击国民党，国民党确实应该首先安内，但是日本攻击，得到共产党的帮助，进而得到西北三马和各路党派的支持，也能在北方战场大大增强自身的抗日实力。当考虑一党得失和民族存亡的时候，做出两个完全不同的决定，得出两个完全不同的结果，这就是典型的集体理性决策。无论是哪个派别，当时选择的都是对自己理性的最优决策。即使没有西安事变，唇亡齿寒的道理在，日本攻打国民党，广东、山西和西北加入中央组成的抗日统一战线还是会形成，各方也一定会表示支持，这都是基于集体的人格特点做的合理推论，集体在一些事件上比较容易预测其行为。

而十全老人等传统集权君王，一个龙颜大怒就可以兴兵百万。隋炀帝和秦始皇更是为了完成战略目的而几乎完全不考虑国家的耐受程度。不得不承认，秦始皇和隋炀帝都是雄才伟略的大君，并且对中华民族的贡献可能超过了任何其他的君王，但是过于自信，缺少理性的数据支持和机制制约，导致他们也可以把集体带到个体感性的轨道。民怨四起的原因几乎都是领导人异想天开，人民不跟着走。

如果一个集权的理性决策者，冷静如梅特涅、李世民，即使不是这样冷静，能做到汉武帝，知道王朝的极限在哪里，也都能做到集体利益的最大化。而理性的民主集体，机会如美国，两次大战都作为战争资源提供方，天然地处于战争之外的地理位置，是相当难得的，可以说是目前为止最成功的理性集体。但是并不是说美国就是绝对理性，他们的理性集体能力多么强大。美国也是少数权贵控制的集体，并且决策最优的很大原因是因为地理位置。事实上，目前所有的理性集体（民主国家），情况都比较差，原因就是因为理性集体做出的理性决策就像努力工作不买房子一样，理性决策通常不如看准了然后冒险收益更大。人生最大的风险就是不冒险，而集体理性的民主社会是不可能冒险的，理性集体也一样。

集体的感性表现在：战争、大选、股票、房地产、演唱会等需要人民一切互相影响决策的时候。很多不是绝对理性的集体，就相对容易被集体感性化。例如特朗普激起的旋涡，他的政策按照理性利益的角度来思考是绝对不正确的、是违背现代经济学的，但是也正是由于现代经济学出现了问题，大家觉得换一种可能会更好，而并不知道换一种会好成什么样，集体地想要去试试。这就是典型的集体感性决策了。

组成集体的个体一开始都几乎是纯感性的，随着社会的发展，一部分人开始理性，这部分人组成了统治阶级或者士族社会。这种社会通常是集权的，所以看古代历史，大部分决策都相对理性，而且乾纲独断，魄力非常强，除非出现了非常任性的君王。例如左宗棠收复新疆，出现同样的事件，如果中国当时是民主社会，说不定就会去保沿海，因为沿海集中了中国的主要选票和经济。集权社会可以寸土不让，也可以自由割让领土以保太平，例如石敬瑭的燕云十六州、中国的唐努乌梁海和海拉尔、俄国的阿拉斯加。这与战争打输了割让领土不同，后者是集体决策的结果，例如德国失去的领土，德国国民不会有意见，我们集体的错误我们集体来承担。

社会继续发展，组成集体的个体们都逐渐地理性，二战时期就出现过很多国民集体理性的例子。目前的全球，除了非洲和伊斯兰世界仍然是少数理性人统治感性群体的结构，其他地区已经是理性人统治阶级一定程度上听取理性国民的意愿进行统治，只是服从的程度不同。例如欧洲几乎是全面服从，而中国则是民主专政和国民意愿的综合治理结果。中国目前的强大有这里的原因，目前的问题也有这里的原因。

不以国家的维度分析。一个区域，如果附近的住户家庭单位很多，附近的各个角落都会有人，但如果大部分人都是集体生活，很可能数十万人聚集的地方几百米外就是无人区。这个道理是集体生活的人群，例如大学，互相之间影响，文化纽带非常深刻，不以家庭为单位去思考问题，个体决策就有很多感性成分，非常容易被理性集体塑造。所以大家都不去的一个地方，你也不会去，因为你的社会告诉你去那里的

理 性 人

人是不正常的。而附近都是家庭单位，互相之间的影响就小很多，每个人做决定是以家庭为单位，更容易形成不一定的独特的价值观。所以去哪里的都有，统计现象就是很近的附近不会有无人区（但是也会区分出哪里人多哪里人少，毕竟在一个社会集体）。

股票市场是一群理性人，以赚钱的理性目的纯理性活动的场所，但是依然出现感性的现象，遇到崩盘，即使是最好的股票都会跌，遇到非理性上涨，即使是很烂的股票都是上涨。这种集体感性并不是由个体感性导致的，而是由个体理性导致的。因为每个人都理性地考虑如果不抛别人抛了，自己就会被套。导致集体感性的一个重要的原因就是个体不能有效沟通，不能互相信任。

所以，不是社会上个体的感性消失了，集体就不会有感性的冲动现象了，随着集体规模的扩大，这种集体感性会愈演愈烈，而不在乎个体感性的发展。

总之，大部分的集体感性由统治者的感性程度和集体内部的不信任感决定，有的社会很大程度上由个体的感性程度决定。集体的理性程度也是由统治者的理性程度和统治者的政策决定，在民主社会还由国民是否理性决定。未来社会的发展趋势中大部分地区的人民生活水平都处于上升时期，并且大部分已经接近顶部，部分发达地区开始下降，有的在持续恶化，总体而言，人类的个体的理性程度在逐渐上升，而由于决定集体理性和感性的大部分在于政权，而个体理性程度的上升，导致了财富的迅速转移（个体不会允许集体再明目张胆地牺牲自己），统治者治理难度显著增加。这就使得统治者越来越理性、越来越倾向于顺应国民（历史铁律，你学会了哭，你才有奶吃）。这样同时会导致一个副作用就是政府的短视，所以全球范围内，政权短视的现象不会减小，反而会增加。像朝鲜、伊朗那样可以牺牲一切生活水平来满足长期利益的国家几乎不存在了，这也使得发生了第三轮世界范围内危机。

如果说二战是德国、日本、意大利等新兴资本主义国家希望与英国、法国、美国、俄罗斯等先发展起来的超级大国重新瓜分世界财产的利益矛盾，目前的世界，随着政府的短视化，人们也会越来越倾向于互相之间的扩张和掠夺。玩游戏的人都知道掠夺的财富比生产快太多。人们希望快速的财富增值，而政权又不能满足，政权又越来越倾向于服从国民，希特勒这样的人出来振臂一呼，很容易就军国主义了。所以未来的世界局势不容乐观。

这里面的罪魁祸首就是经济学的理性人概念，但是这是世界选择了这个获得了高速的发展，但是在它出现问题的时候，世界没有及时抛弃它，又没有被证实的可靠的替代方案（不去尝试怎么会有），这种惯性是历史的通病。经济学的本质就是聪明人欺负老实人，是个互相算计看谁比谁精明的过程。所以阶级固化是必然的，美国的自由就是富人欺负老实人合情合理，谁让你讲道德、谁让你老实、谁让你笨。人类世界整体变得如此丑恶，互相之间不进行毁灭性的冲突是几乎不可能的。从拿破仑和康熙开始，系统性的种族灭绝以夺取财富的过程就从来没有停止。中国的北疆、整个美洲、非洲的很多部族、二战的斯拉夫地区、俄罗斯对待境内的很多外族人。遮羞布不是会不会扯下来的问题，而是什么时候扯下来的问题。

受人尊重的集体与让人鄙视的个体

这个话题最典型的是日本被占领期间国民的表现。满目疮痍的日本，食物是最大的问题，更别说日用品了。从集体的角度考虑，美国的占领军是全日本唯一有消费能力的人群，是日本人想要赚钱几乎唯一的对象。而很大部分是来自女性用身体换来的交易。

从集体的角度看，日本的女人着实挽救了大批的日本人免于被饿死，为日本经济的起飞积累了宝贵的原始资本，但是从个体的角度看，参与过这些行为的妇女大都在日本整体生活条件改善之后受到嘲笑甚至排斥，就像当年为日本献出生命的日本军人一样。日本军人作为一个整体，其战争精神，在战争期间赢得了作为职业军人的对手的尊重，但是作为个体他们每个人犯下的罪行又让每个个体无法原谅。也如当年的日本黑市，几百万人违法被抓，也坚持开下去了，因为不开几乎整个东京的人都要饿死。但是下到个体，黑市中充满了暴力和丑恶。从事黑市的人员的素质也相对非常差。但是尽管暴力与违法，这也丝毫不影响黑市为日本熬过那年月起到的伟大作用。

往往大部分受人尊重的集体，一个外人都不想成为这个集体中的一个个体，除非他们是因为过得比别人好而受人尊重。当集体呈现出优秀品格的时候，往往个体都做出了巨大的牺牲，让你觉得个体是让人鄙视的。中国作为整体从来是

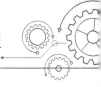

受到严肃的学者尊重的，但是中国人从古至今却并不受到别人像尊重我们国家一样，同等的尊重。好勇的民族不善战，而中国人不尚武，但善战，善战被战争对手尊重，但是不尚武的人民却被尚武的对手鄙视为懦夫。

当集体要发展的时候，几乎历史上所有成功的改革都是要打倒或者大幅度削弱既得利益者的阶级固化，凡是对既得利益不动摇根本的零和改革几乎不能成功，除非改革不是零和的，是发现了新大陆，或者找到了新的出口市场，或者是引进了新的革命性的科技。如日本武士和军人的先后没落、中国地主的暴力去除、苏联的残酷清洗，从个体看，每一个受伤的精英阶级都是为国家目的走得最远的、最用心满足集体目标的。但是当集体当前目标到了瓶颈，有了新的目标，他们就立刻成了集体的绊脚石。此刻清除他们对集体来说、对集体的成员来说，完全是不同的价值维度，也是集体道德感缺失的一个生动案例。精英阶级在集体目标不变的时候是受人尊重的，但是当他们被清除的时候，清除他们的集体才是受人尊重的，他们反而成了被鄙视的人群。

西方处理集体犯罪的方法大部分是审判并判决集体中的主要罪犯，而放过群众，这在局部职业军人的战争中是合理的，但是通常这种战争即使战败了，战胜国也最多签订条约，获得利益，没人想去惩罚发起战争的人本身。有的时候会有战争赔款，但是比如清朝和日本的战争赔款就属于不平等条约。目前为止的国家集体犯罪完全没有一个健全的、公平的处罚方法，而公司这种集体犯罪则是处罚公司这个法人集体。公司犯罪也大部分不是公司的所有员工一起明知故犯的结果，反而是少数人的结果。

集体建模

　　集体由个体组成，集体必然有集体代理人行使集体权力。人与人之间既然构成社会，就必须构成集体以便合理地处理个体公共的部分。公共部分包括：信仰、医疗、教育、交通、军事、外交、文化等。

　　由于代理人权力大小、制约能力的不同，集体的效率也是不同的。通常代理人权力大、制约小的社会容易出现腐败，集体呈现出感性，如果要做一件事，可以展现出惊人的动员能力。代理人权力小、制约大的群体不容易腐败，但是效率比较低。

　　上规模的集体，靠几个代理人是无法管理的，必须要有一整套的官僚制度。有封建制、总督制、君主立宪制、民主制、九品中正制等一大批各种各样的官僚制度。这些制度里，制度都是创造出来管理人民的（主要是把税收上来，把义务布置下去）。少有集体制度以为人民服务为目的的。美国是一个特例，从下向上的为人民服务的官僚机构，但是仍然不够先进，因为有钱人可以相对容易地影响政府，所以无法说它就是为广大人民服务的。

　　无论什么种类的集体，我们提取出共通的点：

　　要有一个人的首脑；

　　要有集体共同认可的价值观（比如国王、主义、血统、文化）；

　　要有权力支撑机构；

与其他集体永远是对立合作关系。

集体的目的与集体的组织结构有关：集权的集体的目的通常是感性的，权力、财富、地位、享乐、荣誉、宗教、面子，等等。分权的集体的目的通常是理性的：人民的福祉、大多数人民的利益、和平。这两者之间没有明显的界限，具体侧重哪个，各个集体的选择也是不同的，目前还没有一个到底什么是对的最终结论。

所以，如果要对集体建模，集体的4个公共部分是所有集体模型都要有的参数。但是依据其目的属性和强度，集体有两个维度的参数即感性维度和理性维度，两者大部分情况下是互斥的。

集体的决策过程类似于五行，相生相克是平衡状态，但是随着某个维度的变化，五行稳定就会被打破，此时集体会重新计算五行相生相克的参数。但是小的变化，会被五行压制，不会造成任何的决策影响。

例如要发动一个战争，经济状况、战斗能力都是战争的相生属性，而人民短期福祉则是战争的相克属性。人民福祉相对于文化是相生的，但文化相对于经济却是相克的。任何的权力决策都是依据于集体的五行稳定进行的，所以集体的行为是可以预测的。但是如果集权的国家，集权者可以轻易地无视这些相生相克，相当于人无视自己的身体熬夜，以打破甚至重建平衡。大部分情况下结果是灾难式的，但是有时候有置之死地而后生的效果。

看一个集体通过以下的集体维度就可以预测这个集体遇到事情的反应：

民众理性程度；

统治集权程度；

统治方向与方法（公平、效率、干预、自由、大战略方向）；

经济结构（农业、低端制造业、中端制造业、高端制造业、金融为主的制造业空心化、服务业）；

社会等级程度（财富分配集中度、教育和医疗公平程度、房地产情况、Social letter）；

金融环境（股市自由度、契约保护、社会暴力、法律问责程度与效率）；

集体安全；

人口年龄结构；

外部环境；

对群众意见反映意愿和效率；

言论自由程度。

国际级别的大集体是由无数的小集体叠加而成的，这种叠加大部分是金字塔形的结构，也就是说其中存在递归关系。例如一个人口单位有状态和倾向两个维度的属性，他在决策的时候是首先更新自己的状态（可能是生病、上学等外在施加），然后再根据自己当前的状态更新自己的倾向，例如易怒、追求财富、喜欢电影等。然后在遇到任何事件的时候，根据自己的倾向来对事件进行决策，这个事件反过来又影响了他的状态。这个决策环中，事件我们可以建模为提案，就是类似古代皇帝批阅奏章，你要做出选择是否同意，甚至做出决策该怎么做，但是都是一个一个事件。

大集体由小集体组成，每个集体都负责不同或相同的事情，每个集体独立也是一样首先更新自己的状态，然后修改自己的倾向，接下来批阅下层集体提交上来的奏章。而最下层的集体就是由个体组成的，集体向上组成更大的集体，但是从下到上都是状态、倾向和奏章。这就是建模所需要的共性。

集体目的

　　同一时间对社会截图，社会上存在固定的集中社会模式和文化习俗。对于每一种模式下，任何一个个体的出生到稳定都是一次伯努利过程，每一次实验都是独立概率的，所以社会短期看是稳定的。但是一代人的下一代人，由于目睹了上一代人的生活模式，会在本代人产生另一种共鸣，例如性解放、例如不接受兵役、例如认为奴隶制度是错误的、例如即时通信。这一代人的共鸣模式可能出现也可能不出现，仍然取决于顶层设计的社会环境和极小的概率事件，并且出现的新模式一般是上一个模式的改革或者革命，而不是对上上个模式的。这个过程是近似的马尔科夫链，更像是细胞分裂。

　　也正是由于这种截图和变化，我们可以溯源，也可以推理。不像个体的随机性那么大（理性化的个体也越来越稳定），集体是相对稳定的。为何是相对稳定的呢？因为组成集体的个体虽然都是不稳定的，但正是由于他们有相同的地方，他们才能组成集体，例如语言、历史等。也正是这些相同的地方，让他们聚在一起，如果想要达成一致的意见，就必须套用这些相同的地方，大家在提出意见的时候，也必须基于什么意见可以被集体内部最广泛的个体接受才会提。而这些共同的特性是非常稳定的，例如语言和文字和历史在一个集体中是不会那么轻易地抹去的。所以，集体就像是一个编出来的程序，拥有固定的规则在运行，可以向前，也可以向后推倒。集体从诞生的那一天起就是服务于最广泛的不同个体的相同部分，而集体的领导者可以通过手段影响这个相同的部分，逆集体大部分人意愿而进行的集体粗暴行动通常会导致动乱，但是烹小鲜一样慢慢地动，就可以完成巨大的目标。

正因为集体就像一个没有智商的程序一样，治国的人就格外重要，把集体带往何方，国民集体可以发动集体的力量影响，统治者个体也可以通过聪明才智影响。如果治国的个体足够聪明，他可以用手里掌握的集体做到任何事情。这中间的发展有一个分歧，就是个体治国和精英小团体治国。个体治国现在叫集权，乾纲独断你不能说不对，前提是谁在乾纲独断，一个伟大的个体所能做出的决策是所有精英都不能理解的，何况是集体，但这种人凤毛麟角，事实上，只要一个集权国家连续 100 年都是这种人掌权，这个国家基本就可以独步世界。但是昏君的概率实在太大了，所以现在的集体都逐渐衍生出了集中制的民主和广泛的民主等受限制的个人统治和精英统治的集中模式。

如果说大集体的平均决策一定是平庸的，那大集体中挑选出的精英的平均决策就一定比大集体决策更胜一筹，这就是民主制国家的运行原理，这也是民主国家很大程度上也可以被预测的原因。但是权力集中的和独裁的则更难以捉摸，只要领导人不差，就有精英决策的水平，如果领导人优秀，那就会在博弈中完全胜出。

从以上的分析可以看出，集体是个体的延伸，是拥有相同特质的个体对抗其他拥有相同特质的个体的工具，这个工具的慢慢演化始终朝着让组织更有效、对抗更有效的方向。但是随着科学这种全人类统一的东西的发展，各个集体忽然发现其实美国和中国所需要的学科和专业知识也都是一样的，所以集体开始从内部崩溃，因为科学，人们开始不依赖传统的语言文化来组成集体，而是逐渐由科学领域组成集体。未来相当长时间，领域集体会继续发展，Github 甚至可以演化为一个新时代的国家。而传统国家对个体的凝聚力开始迅速下降，人们加速在不同的国家穿梭，以追求更多的和自己相同的人的群居，理解自己以及能和自己玩的人。

地球还是那个地球，集体的组成正在激烈变化。人们坐在一起已经不在乎是否是同样的肤色和语言，而是大家是不是都是对概率问题（或其他客观问题）有互补的独到的研究。所以可以看到，集体的目的从来就是聚合相同，对抗不同。两者都有侧重。为此可以发展出任何种类的集体。科学是不可逆的，集体的未来是科学的不同融合以超现实文化的相同。在同一个大的框架下协调使得各个行业集体不至于对抗，比如神、比如超级国家。

有一个问题很难理解，集体的副作用是什么？大家隐藏了不同、呈现了相同，而组成集体的个体在集体的内部也是博弈合作关系，都是为了自己的个体利益，个体为了个体利益，集体展现出来就像也是为了集体利益一样，自由经济学就是基于这个建立起来的。就像自由经济学后来被证明有缺陷一样，所有的个体自利导致的集体都有同样的特点，就是制造最大的灾难。如果把集体看成一个个体，如何能制造最

理性人

大的灾难，是经济学集体的根本出发点，也是理性集体内生的原始动机。不管人性本善还是本恶，我们知道了，集体本恶。能不能健康成长，要看集体的监护人，也就是领袖和制度。

国家利润与人民利益

不同的国家主体有不同的生财之道，有的只靠税收、有的划定垄断行业、有的自己成立公司与民争利。在国家刚刚发展的情况下，有必要在各个行业划定更加保守的安全基线，甚至设置垄断行业。如此可以诱导有限的社会资源进入到指定允许的创造领域，而不是放任群众过多地利用初期相对较多的制度漏洞，或者是分散到太多的行业。随着经济的发展，社会资源会逐渐强大，此时再逐渐地降低安全基线，开放禁入行业就能有效地发挥已有的过剩的生产力，通常这种开放都会带来一波经济红利。虽然总量没变，但是分批次放开就能带来更加持久的经济效果。这里的原理就在于经济总体看是非理性的，它倾向于生产过剩，超量投资。而超的这部分大部分是既得利益者才有的资本，所以不断地触发这个过程就是一次一次财富洗牌的过程，在财富洗牌快要来临的时候，开发一个或者发现一个崭新的行业，就得同时启动造富运动，一起一落就会抹平本来可能发生的经济危机，让经济的发展速度长期稳定高速。

这就好比股市涨速过快，虽然涨得很多，但是这个过程中大部分人赚不到钱，并且接下来的亏损却是大部分人，如果慢速上涨，则大部分人都能赚钱，最后下跌的时候也不会是暴跌，大部分人也能撤退。速度快的时候，利好的永远是少部分精英，速度慢的时候利好的面就会更广，越慢越广。就好像房价一直在上涨，如果以一个月翻一番的速度上涨，不加限制的话房子几乎都会集中在少数人手里，而一年翻一番，持有房子的人口就会更多，并且由于有了持续稳定的上涨，更多的其他行业的上涨机会就会在这个过程中被发现并且被创造出来变成新的经济引擎。例如中国放开房地产的二十多年，竟然带动了中国经济几十年的红利，同时很多人因为房子赚钱了，从而有了原始的资本去做机器人、去做互联网、去做医疗器械等。一个红利带来的各行各业，甚至是不相关的行业，而如果那个时候房地产与公路同时放开，可能大部分社会资本会集中到公路上，而富裕的只能是少部分人，这一少部分会进一步包揽了房地产的整个利润，就像香港那样，整个社会的创新能力在这个过程中就会大打折扣。所以这个手法成功的关键在于让尽可能多的国民同时参与，同时富裕，但又不是全体性质的。

国家只要尝到了专营的甜头，就倾向于用新的行业来释放红利，而不是用已经建立专营垄断的行业。如果在找不到新的行业的时候，仍旧不愿意放手专营，社会经济就会进入完全的行业饱和，接下来的运行就只能按照经济规律进行危机化的重新洗牌或者固化的阶级社会演变。例如古代的食盐，几乎都是政府专营的，其利润就像现在的石油和公路，并且不需要什么创新和能力，完全是资源问题。现代的典型的领域是石油、电信、公路、部分高利润的矿产等，在很多国家几乎都是国家专营的，虽然有的会使用国有企业的方式变通一下。但是很多民间行业，例如衣服，有的国家也有竞争性企业来与民争利，通常这种企业一般会亏损。因为小成本完全在民间的处理能力以内，他们与民间的个体是对等公平竞争的时候，不可能敌得过拥有自主性的民营企业。所以你能发现，国家经营的企业如果没有明令禁止民间进入，一般对于民间来说要么是市场无法打通，要么是资金体量太大。例如超大型机械很多政府并没有限制民资进入，例如生产大飞机的模锻压机，民资就算造出来也一定会破产，因为买家只有一个，还因为资金投入实在太大，超出了民间财团的承受范围，这种区间就需要大型国企来填补。通常不愿意放弃垄断利润的国家也都不会允许存在富可敌国的富豪，虽然明着没有这么说，也就不可能诞生能够进入超大资金投入的行业，从而形成循环。

第四节　集体现象

土地现象背后的集体感性

中国土地的性质都是公有制，所以国家可以向居民出租土地的使用权。公有制在现阶段的本质上是国家私有制，没有人能阻止私有的土地谋利。

大部分都能找到是国家治理的原因，但是参与的却是群众，国家如此治理，会导致群众的如此参与，这背后的集体亢奋的原理就是集体感性。

我们知道人群集会的时候，大家很容易被呼声带着走，

希特勒也正是靠强大的口才和气场才赢得群众的支持的，弗洛伊德认为的聚会集体和勒庞的聚会集体都强调了集体集会可以抹杀个体理性。集体在互相影响着决策的时候，整体就会呈现出感性。但是这种感性也是基于组成集体的个体都是绝对理性的基础上的。

例如购买房屋，当整个集体都认为会涨，每个人最理性的决策就是赶紧购买，因为大家都知道大家都这么觉得，你如果不这么做就是不理性的。集体的感性可以由部分人的感性引起，但是大部分的参与者都是理性的。也可以根本就是全部由理性的群体组成，房市参与者大部分都是见过世面的，至少是拥有大量财富的中产阶层理性人，但是见的世面不够多不足以逃脱这种普遍规律。一个社会大部分都是普通的中产阶级，最容易盲从，学了点儿东西就觉得自己很厉害，容易下判断，也最容易被集体感性牵着走。可以说希特勒如果面对的是一群农民，他不会得势的。

集体都有首领，对于房市来说，参与者的首领就是政府。政府如果规定买第二套房要收 40% 的税，并且一直不动，这个集体就完全是另外一个样子。每一个国家都有理性的集体，在恰当的领导下，这个理性的集体就可以爆发出感性，做出不可思议的事情来，并且义无反顾（集体感性起来比个体还要感性得多，就会毫无理性）。如果要带领集体走向战争，领导者需要宣传动员，否则理性的人不会拿自己的小命去玩的。如果要带领集体走向疯狂，领导者也可以宣传，例如主席说琥珀是世界上最珍贵的东西，这一句话，就能把琥珀是世界上最珍贵的东西变成价格上的真理。

理性人

　　领导集体，在达到特殊目的的时候可以激发集体的感性，但是在日常生活中最好是让集体保持理性，因为世界上大部分国家覆灭的原因都是因为感性的集体。

集体统一决策临界点

　　集体由于由很多个体组成，所以集体的反应都是个体反应的集体表现，如果个体反应比较激烈，非常短的时间内个体达成统一，这时集体会迅速完成决策。大部分情况下，个体内部总是因为各种各样的理由在持续分化。

　　虽然在总体上是分化的，但是在某一件事上，集体的决策模型会有一个临界点。在临界点之前个体相对理性，不同的意见比较多，但是当达到临界点的时候，集体就可能瞬间转向，很多个体完全改变自己之前的看法。无领导的自由决策情况下最容易出现。例如股市，大家很可能都在唱多的时候，股市莫名其妙地连续大跌4天，就很可能再也止不住了，这个时候被称作恐慌，实际上是集体决策临界点。组成集体的个体还是那些个体，这些个体也依然都是理性的，但是临界点到了，集体就会呈现出崩溃式或者井喷式的剧烈活动。股市如此、民意如此，甚至房市也是如此。

　　国内不同地区，如果只有几个城市调控，政策基本上无效，甚至有反作用，但是如果扩大范围到了一定的极限，很可能出现全国式的雪崩式下跌。治理国家的经验是任何的政策都不能力度太狠，否则集体表现就会剧烈波动。对于大的国家，数量有时候可以代表质量，也就是没有太狠的力度，但是有了过大的广度，就也能导致处罚集体统一决策临界点。

集体到达这个临界点并且顺应着它走，完全是因为趋势，所以这种趋势如果被外部强势干预，就可以止住，并且恢复正常。这种事情常见于大型金融战，大型的金融战本质上就是集体心理战。

地理决定论

这个论调是一直都在的，很多人信，很多人不信。我是自己得出这个结论后才知道社会上有这个结论的，所以我是绝对相信。

中国的历史上从中原一马平川地向南方拓展领土，直到南粤大山和南亚丛林才止住。为了南粤，还搭进去一整个秦王朝。但是无论多么霸气的王朝都没有踏上过西藏高原、都没有实际征服过新疆沙漠，最多是顺着河西走廊、敦煌进入新疆腹地，但是也基本守不住。这些地区基本处于依附状态，清朝时逐渐实现控制，新中国成立后，终于最终实现统一。内蒙古大草原汉人也从来能打不能占，因为实在是不适合农耕文化。

国家经得起很多无德的人为其效劳，但是经不起无能的人为其管事，但是地理一摆，再有能力的人也忘洋兴叹，泱泱中国人才辈出的两千年，从来都是征服不了周边，总是被周边欺负。吐蕃都曾占领过长安，这就是地缘压制。在古代，吐蕃、蒙古、辽、金、南越等都曾对中原形成地缘压制，但是他们的文化和人口都不昌盛，所以中原王朝被欺负得不是很严重，即使如此，北方南下仍旧是中华民族最大的问题。

如今的中国囊括东北，占领南北两疆，盘踞西藏，地缘优势尽掌握在手中。从西藏,压制印度、压制整个南亚,从新疆,拥有了与西域民族的纽带,中国也算是半个西域国家。

放眼世界,如果不是兴都库什山脉,说不定亚历山大东征就会进入中国,而不是印度。印度上千年被伊斯兰欺负,也都是因为这个山脉在印度地区有个缺口。这个缺口远比丝绸之路好走。唐朝的时候,阿拉伯文明竟然第一次也是唯一一次与中原政权正面冲突,那也是建立在双方都强大到可以一定程度上克服地缘阻隔,以后就再也没有发生过了。中国与阿拉伯地区有地缘联系,但是路途很艰险的特点几乎影响了所有中东与中国的交互,包括拜火教被灭亡的时候进入中国、丝绸之路的东西方互相定义、新疆的伊斯兰化等。

为什么不用种地都有充足粮食吃的非洲反而是最不发达的?因为他们连农耕社会都进入不了,大自然对他们太好了,所以人们就不会前进,反倒是热带雨林的玛雅文化,高度发达,但是自然环境又太恶劣,并且整个美洲连马都没有,就更不用说发展出马车了,也没有牛这种大型哺乳动物,所以连轮子都没有发明出来,这着实是大自然的造化。一个欧洲病毒一来,种族集体灭绝。阿兹台克和印加帝国再怎么辉煌,奈何大自然太不公平。

从这里可以看出,我们的工业革命,我们的文明完全是大自然偶然的创造。只要从我们的世界拿走马这个物种,世界就可能完全是另外一回事。人类的发展充满了偶然,但从整个世界来看又充满了必然。所以,可以推测外星球,如果有高级生命,也不一定像地球这么好运,说不定永远处在非洲社会或者玛雅社会。

但是霍金说如果有外星人，他们可以轻松秒掉地球，这一点也是可能的甚至是必然的。谁知道大自然又额外给了他们什么？他们又额外地发展了多少年？

南北极就算有人，也压根儿没有文明。太好的自然环境不会产生强大的文明，太差的自然环境压根儿不会有文明。中华文明发源于中原河南一代，但在关中才缔造了强大的存在，因为关中周围全部是大山，几个关口就锁住了首都。没有这种得天独厚的地理优势，如何在交通不发达的时期辐射到整个中华？没有巴蜀开凿的蜀道，恐怕蜀地又是另外一个文化。如果中国率先进入工业化，整个西伯利亚很高概率是中国的领土。如果没有大洋阻隔，整个美洲或许早就习惯了病毒，有了牛马和工业革命，也是又一个伟大的中国。反倒是毛利人，从我国台湾到澳大利亚、新西兰，有了航海技术，克服了地缘阻隔，但是没有学到先进文化，我猜他们也是因为资源太充足了，不够就去下个地方这种地缘因素吧，与非洲很像。

工业革命为什么首先在欧洲出现？这里面原因很多，我还有专门的篇幅讨论这个问题。但是我觉得从地缘上看，欧洲大陆，山河丛林阻隔，是野蛮的地方，中间又掺杂着平原，很容易互相打通。互相之间封而不绝，你不能灭掉我，我不能灭掉你，但是我们互相又是流通的。这是现代国家，博弈思想，乃至文化发展的地理需要。正如中国的春秋奠定的中华文化一样，沟通的对立是文明的摇篮。《地中海与菲利普二世时代的地中海世界》一书对于地中海的地缘博弈分析可以说是全世界地缘现象的缩影。

理 性 人

也正如当今的世界。

集体惯性

为什么集体性格比个体性格稳定？

集体仪式例如饭前祷告，从个体形成和维持非常难，但是一旦在集体的所有个体形成，想要去掉也是非常难。所有你身边的人不会忽然一下子全部不祷告了，只要部分人在祷告，你就会去祷告，因为那样才是社会认为正确的。而社会发生变化是逐渐的，这种取消祷告的逐渐根本不可能在社会发生，弱势信仰的少数人被强势信仰的多数人同化是社会的准则。

集体性格并不由个别的个体决定，因此集体习惯一旦养成，惯性极大，除非遭到毁灭性的打击，否则基本都会被延续。

当年的拜火教曾是整个波斯的宗教，伊斯兰强制改宗，就再也回不去了。事实上，伊斯兰所到的地方，只要强制改宗，就基本回不去了，而其他的宗教相对容易（还有更难的犹太教）。

这与伊斯兰的教义有关，它有严格的外在规定，例如女人该怎么穿衣服、大家该怎么吃东西、人们一天该什么时候做几次礼拜、什么时候去朝圣等。这个宗教将仪式渗透进生活的每个角落，每天都是仪式，这种环境下，即使有个别人想要变化也会迅速被扑灭。而佛教不强求这些，要求的是你内心，所以任何人都可以觉得佛教不对，不去信了也没有社会上的人指责你，因为不遵守佛教戒律的个人阻力太小。

例如美国的民主与自由，让他们接受中央集权，除非强制。虽然人们都希望有绝对的言论自由、有权力制衡，但是打来打去最后还是会中央集权。这就是集体的性格，有强权的时候大家愿意遵守，没有强权，很多人都希望出来自己重新建立强权。总会有人想要凌驾于他人之上，这是人类社会的特点之一。所以中国这个国家，一定是要权利相对集中的，并且无论是谁来治理这个国家，都不会允许中国跟在别人后面做哪怕是第二名。被强制的民主只在日本相对成功，在世界其他地方几乎都会水土不服。

集体认同

集体认同感是相对的，和平时期可能会有各方矛盾冲突，战争时期都是中国人。如果外星人入侵，各族各国将形成史无前例的合作与认同，通常会加速世界的融合与统一。

人的能力不同直接导致了学历和财产的不同。而在不发达或者过分发达的社会，学历和财产的不同又会直接导致人能力的不同。有的可以用勤劳来弥补，但勤劳在有的社会环境是无意义的，你只能把自己的勤劳用来耕地。

美国人认为谈判与军事是两种政策，国际交往中一种生效即可，中国人认为谈判是战争的诞生。所以美国人谈判时倾向于不发起军事压力，中国人倾向于左手谈判，右手军事，相辅相成。这是两种社会文化，两种历史，导致了两种截然不同的想当然的一厢情愿。没有谁对谁错，完全取决于历史和由历史引导出来的当前的社会状况。孙子曰：知己知彼，百战不殆。在当今的迥异的社会可以爆发更加强大的生命力。设想如果美国知道新中国成立时和苏联微妙的关系，哪怕是让随便一个中国精英去经营美国政策，他都不会认为中国和苏联是铁板一块的联盟，就像中国人直到现在也在想当然地认为美国和加拿大也是铁板一块的联盟一样。不了解对手的文化，永远无法利用其中微妙的关系。

这也充分地说明了集体之间的纽带，就像亲兄弟最后也能反目成仇一样，德国与英国也一样是资本主义社会，反而是相同发源的不同社会容易发生极限战争，就像美国的南北战争、中国的太平天国，内战往往比国际战争要残酷得多。这种现象放到个体生活也有同样的现象，很多人只有在自己家里才会展现出他的原则，自己在对外、对别人的时候就是尽可能地折中让步，两个校友一起的时候可以一起骂自己的母校，但是别人骂了能一起去揍他，也有很多人是反过来的，个体和集体都会在不同的时候有不同的认同感。

集体的稳态转变

集体可能几天前是一种性格，几天后就完全变成了另外的人，集体中的每个人回首的时候都会惊讶于他们自己的变化之快，都会怀念过去，同时又不否认现在，还能继续向前看未来。但是有连贯统治存在的情况下可以在很多地方保持性格的一致性，对于大部分集体，例如各个行业的企业，竞争合作的集体关系则符合快速变化的性格特性。

例如日本在天皇宣告战败前很多人都有为国家而死的信念，但是当日本天皇宣布投降的时候，大家迅速转变，就连本来要起飞的神风特工队员，都可以做到装满了一飞机的军用物资，赶紧运回家，然后把飞机炸掉。曾经被全国人民支持的军队，回到家后发现自己没有了去处，到处对他们充满了鄙视和仇恨。最可悲的是那些死去的军人，那些躲在战场后面的人在战争结束的时候获得了最大的利益，瓜分着国家的战争物资，而死去的人，在战争结束后，家里的妻小要忍饥挨饿。

一般的企业集体，今天全公司的人都可以认为做直播是对的，可能忽然有一天，全部的核心人员就会一致要求转型。企业是逐利的，国家也是，任何的集体都是，即使是为了生存而抱团的集体也一样。集体逐利的最本质属性就决定了它会永远选择做对自己有利的事情，甚至是为了这件事情而快速地变化性格。相当于现代生活中的很多个体，只要有利益更高的事情就会去做，尤其是在高速发展的时期，这种现象在美国、中国、日本、英国等都出现过，现在如果你开出了高一些的工资和工作条件，就能比较轻松地诱使一个员工跳槽到你的公司。

一个个体虽然拥有了可以随时变化自己性格的动机，但是他没有那个动力。变化要克服的阻力很大，但是当一群人凑在一起的时候，所有的阻力瞬时消失了，动力来自彼此的鼓励各自的坚决，坚决在群体中的传染速度使得集体快速达到了稳态，也就是集体做出了决策。换句话说集体从一个稳态到另一个稳态的切换速度远远比个体快得太多，但是也更难以做出切换的决定。

中国从新中国成立到如今一直在尝试改革，其实改革的本质就在于此。每一次改革都给中国带来了翻天覆地的变化，但是每一次的改革要下定一个决定却是难上加难。很多人都因为改革的困难而中途退缩。但是一旦决策了并全面执行，痛苦期往往非常短，集体就会出现压倒性的改革动力，阻力在某一个点会忽然全部消失。

一般而言，所有伟大的集体转变都是因为之前的路的全面溃败。例如十字军东征导致的糟糕的中世纪结束和文艺复兴的来临，日本战后的集体休克然后快速崛起，中国完全清洗了传统文化后的改革开放。也可以一条路曲折地前进，例如印度的曲折和帝国时代的中国。

对于集体的掌舵者的能力要求，重要的素质是如何找到正确的决策方向，更重要的素质是能不能坚持自己的决策。例如奥巴马的医疗改革最后变质，单从这一件事，奥巴马就不配是一个可敬的对手。哪天如果要刀兵相见了，即使他认为立刻投原子弹才是对的，他也会被迫选择首先进行常规战争，就像美苏冷战期间美国的天真想法一样。

集体用理性方法解决不了的问题，集体就会用感性的方法解决

集体用理性方法解决不了的问题，集体就会用感性的方法解决，而集体的感性方法通常非常激烈。每个集体在做出决策的时候，都是用他们认为能够尽可能快速达成一致的方法进行行动，可能不是最好的，但是起码是大部分人都能接受的。如果找不到这样的方法，集体就会陷入整体迷失。

由于个体对集体的要求倾向于天然的顺从的本质，当集体迷茫的时候，通常最先发声的理论会被广泛地传播，并且被广泛地接受。这种宗教迷信色彩的理论最常见，因为每个人此时需要的只是能够凑合着解释他们所面对的无解的问题。基督教在东罗马帝国的传播就是在困苦的下层民众中开始的，大部分的宗教也都不是精英阶级的文化产物，因为精英阶级即使想不通了也会继续理性地去思考，并不会找一个没有人可以解释的神明。典型的是中国的儒家等诸子百家，大都不是迷信的，而是理性思考各自不同的理论体系。佛家也是靠道理说服人的，虽然也有迷信色彩，但是比起纯粹的教义，是要讲道理很多的。

而通常全民族的问题，越靠近现代，越是民众的事情，而不是精英阶级的事情，民众寻找的出路对结果的影响会越大，这个出路就一般是感性的。美国找到了一种方法，解决民众的出路问题，同时又不过分地感性偏激，这就是塑造英雄形象。集体的英雄在民众比较容易表达意见的社会，通常是只需要长板，并不需要短板。没有人会去关心美国队长是否自律每天刷牙，每个人都只在乎他是否能够去保护美国，英勇地战斗。用英雄的方式，人们有了指引，就不会极端，人们想表达爱国就会用英雄的照片，想表达不满，就可以用黑镜里的蓝熊，有效地化解了矛盾的积累，并且阻止了群众在集体迷失的时候朝向暴力感性的方向发展。同时也会有狗熊，人们对狗熊也只会看到他的缺点，并不是个别的评论家或者科学家理性地看待一个事物，而是他坏他就是坏，很像中国之前的黑白两派的电影。只要允许民众去自由地塑造好坏的形象，民众就能慰藉自己的困惑，给予其一定的发泄空间，民众就始终不会走向极端。

理性人

集体的稳态变化时机

中国有一句古话叫作枪打出头鸟，这是告诫个体的一个在集体中生存的法则，这个法则背后是一个深刻的集体逻辑。

一个集体一般有其运行法度才能够正常稳定运行，只要他有法度，那么就必然有配套的应对破坏法度的行为发生时的处理办法，也就是说稳态的集体一般是很难发生状态的暴力转化的。但是当新的事物产生，很多人都看到了转化的必要的时候，即使是每个人都看到了，只要没有出头的，集体一样不可能转化。但是一旦产生了出头的希望集体转化稳态，集体就会调集所有能调集的资源重点打击出头的个体，而在其他个体那里就会产生空虚。所以我们可以发现历来的农民起义几乎都是发起的一方没有取得成功，反而是后来镇压或者是后起的一方最终问鼎。

当集体稳态出现了转变需求的时候，这个需求只要持续积累，就能在有人率先提出的时候获得一呼百应的效果，然而也正是因为如此，如果有人快速成功了，集体中必然快速产生更多的挑头的个体。如果前期积累转变需求足够多，旧秩序势必崩溃，但是新秩序该如何建立？就是各方的角逐。而在这种角逐的过程中，他们已经失去了对抗旧秩序的理论依据，完全是实力博弈。在这种情况下，谁的才智积累得更多，谁更能取得胜利。所以一般笑到最后的人都不是第一个也不是最后一个，在各方胶着、出现权力真空的时候，才会相时而动。这就是中国的谋略哲学，拥有这种眼光和定力的人必然也能从容应对已经打得两败俱伤的先起的人。你可以看到南非曼德拉也是出现的时机恰到好处，非国大已经存在，但

— 110 —

不大。希特勒、甘地也都有几乎相同的出现时机。时机到了，不一定会出现这样的领袖，但是这样的领袖只会在这个时机出现，有的是因为他们懂得等待，大部分是因为他就是这个时代想要造就的。没有压迫，曼德拉会是个过着普通日子的酋长。这种节点上的伟人就是使用杠杆的人，而首先要有这种杠杆形成。

而如果旧秩序不希望发生这种变化，旧秩序就得改革自己，或者将这种变化扼杀在萌芽之中，古代大部分都采用高压的方式扼杀改变需求，但是现代由于统治者的视听更广，历史的书写能力也逐渐转移到民间，现代统治者最看重的是青史留名，所以也会更加积极地推动改革。如此，改变的需求就会在转化为暴力之前被化解。然而，有的时候矛盾的产生速度远比政府的化解速度要快。此时西方的换届选举就能相对容易地解决问题，而东方的自上而下的原有体制改革就会显得力不从心。西方不是无缘无故选择了低效率的民主，东方也不是没有理由地选择了高效率的集权，原因都在各方经历的历史不同，成长的轨迹不同。东方如果经历了王朝时期的工业革命，新的政权也会倾向于选择民主，因为集权很难处理过快的变化；西方如果统治过如此庞大的国家和人口，他们也会选择集权，因为民主在古代实在难以保证国家的统一。

如果说民主从机制上保证了稳态的顺利切换，而不用发生流血，但是牺牲了效率。集权就是获得效率的同时对统治者提出了更高的要求，要能换敢换。一旦出现了万历不听政不改革，王朝就会不可挽回地走向衰亡。

这个逻辑不仅在国家层面成立，在我们生活中的任何组织里，都是成立的。西方人会抢先举手回答问题，东方人都会观察别人出丑，然后自己英雄出场。就像刷朋友圈一样。民主社会导致他们拥有了处理不同意见的能力，这个能力是深入到社会生活的方方面面，并且是每个人的心中行为上的，而东方集权就让东方人仍然要靠谋略思虑来达到选择正确的稳态，然后不输地下注。

　　一个人短时间改变自己的性格有多难每个人都知道，这就是个体的一个维度的稳态，一个集体就更难了。本质上集体短时间改变自己稳态的代价几乎和个体改变自己稳态的代价一样，都对当前是毁灭性的，所以现代经历了那么多历史的人们，逐渐知道了凡事要循序渐进，一步一步。集体短时间内改变自我要么是自上而下的大刀阔斧的改革，改革的阻力是每个人都知道的，要么是自下而上的革命，革命带来的伤害也是每个人都能体会到的。自己强制短时间改变自己，会给自己的心智带来多大的伤害，每个人也都清楚。

集体的合作模式

　　当今社会，你仔细看会发现，集体之间的几种相处原则：弱肉强食、中心主义、军事同盟、共同安全、战略合作、互不侵犯、教义协同。这是不同种类或者相同种类集体互相交互时候的可行方式。博弈的均衡过程是暂时的，迟早要分出胜负，集体最终一定会融合为一个，像中国大地上以前各个种族，现在都成了具有统一信念的民族，这是历史的不可逆性，你可以暂缓，但不能阻止。目前的世界和之前的世界，集体之间是需要相处模式的，既然目标确定了，也就是说相

处的模式基本就能决定最终谁会胜出，而那些注定了不会胜出的集体为何还会选择明显会输的相处模式，大部分是没意识到这么简单的逻辑（当局者迷），也有无可奈何的。

弱肉强食符合个体的天性，如果国家是独裁的，就会显现出与个体天性相符的行为特征，所以独裁统治大多是弱肉强食的。

中心主义与弱肉强食类似，但是他不会去轻易地吃掉弱者，只要求弱者臣服，那是一种世界秩序观，当局者根本没有想过为何要吞并小国，更多的是当时的科技条件，交通上和文化上根本无法辐射太大的国土范围。所以在今天的科技水平，中心主义是不可能存在的。

军事同盟则是一种简单粗暴的暴力合作，用以达到一致对外的目的。但是军事同盟有个致命的弱点，就是集体的独立权力会受到侵犯，尤其是你的同盟国比较多的时候。因为很多时候你无法决定你的外交政策，只要你的军事同盟攻击别人你就会自动对别人宣战。很多时候军事同盟条款会被过分地使用，用以达到一些非军事化的目的。所以军事同盟简单粗暴，短时间有效，但是经过这么长时间的应用，大家都已经看到了问题的所在，所以当今社会的军事同盟不会发生在一线国家。

共同安全则是与军事同盟类似的协作方式，例如北约，可以有效地震慑潜在的对手，但是又对各方面的限制最少，是一种具有共同潜在对外目标的集体防御协议，侧重于防，而不是攻。所以小国林立的欧洲在面对俄罗斯的时候就会倾向于选择共同安全的方式。

理性人

　　战略合作这种相处模式是中国现代发明的，可能很多人还没有弄清楚什么叫战略合作。我们知道现代集体大都是分权的多数抉择或者有监督的权力集中制的，所以特别极端的选项是不太可能有的。集体之间的合作可以是多种维度的，经济领域的、科研领域的，等等。但是战略合作则是一个统领各个领域的合作方式，能有效理解战略这个词语的基本是中国文化。因为它代表的不是单一的原则，而是大局观，战略合作也就是在大局观层面上的合作。什么叫大局观呢？为了拯救一万人可以牺牲一千人，为了保住一个科学家，可以牺牲一支军队，为了国家安全，可以选择让人民都暂时贫穷。大局观也并不是为了大多人的利益，而是为了集体的利益。这里就引申出了集体利益概念。在这个层面，集体与个人一样，是独立于人类个体的集体形式的个体。它有自己的利益，有自己的目的，它的所作所为很可能不是为了组成这个集体的人类个体，而是为了集体个体这个下行创造的存在，战略合作就是集体个体之间的合作，也就是说战略合作可以牺牲任何个体的利益来换取集体利益。对于治国的人来说，个体利益重要，集体利益更加重要。例如一个人在可以用生命换取中华民族的存在的时候，这个人就该牺牲，这就是集体利益，对于这个个体来说是残忍的，但是对于集体的其他人来说，大家会投票让他牺牲，而有的时候集体会决定让大部分个体牺牲。

　　互不侵犯的模型一般存在于大部分国家的建国初期，大家都刚独立，倾向于安内，而不是对外影响。所以，当忽然大批集体建立的时候，互不侵犯、不结盟等运动就会自然而然地成为主流。像俄国十月革命之后立即退出战争，这时候集体利益让位于集体本身，因为集体刚刚建立，集体尚不具备最大化其核心利益的能力。

教义协同则是最具备生命力的集体合作方式，例如美国的自由主义、伊斯兰的神权主义，大家都为同样的信仰希望同化其他人。这种模式是唯一一种集体利益与个体利益高度一致的交互方式。采用了这种方式交互的集体，集体的全员都会有效参与，同时也很容易引起对抗，是一种激烈但十分有效的合作方式。

集体间合作的最有效方式是找到对立面和自己方面的共同价值观。例如西方国家的人权概念与非西方国家的不重视人权的价值观区别，如此形成的西方联盟当对手方发生非人道事件时，则会快速达成一致，甚至升级用来满足联盟核心国家的个人利益。因为小国没有反对的大义凛然的理由，否则会被集体内部人和同盟国戳脊梁骨。

制度与性格

当付钱购买产品或者服务的时候，尤其是大件的，在讲理的地方客户会觉得只要付钱了自己就有理了，到时候出问题找商家说理的时候自己就占上风，而不论商家有没有收到订单，因为他们知道即使商家收到订单你没有付钱商家也是可以轻松说系统漏洞的，因为你并没有付钱。但是在讲法的时候，当商家确认了的订单，无论是否付钱，商家都一定要发货，否则他们违法。在这两种不同的商业环境下会产生截

理 性 人

然不同的两种价值观的消费者，一种消费者恨不得一切满足商家要求并且早点儿付钱，另一种消费者希望能尽可能地不付钱，在不满足商家要求的前提下尽可能为自己争取利益。也就是前者卖家的社会地位明显高，而后者是买家，这种社会地位是不取决于经济规律阶段的买方市场还是卖方市场的，这是一种社会地位不同导致的行为模式的不同，最后反过来进一步加深社会地位的不同。

70 年的土地使用权并不是在哪里都对，但是在人口众多的当前阶段的中国就很可能是对的。大型集权国家普遍会有超大城市集群，如果是永久产权只要占据了位置就永远是剥削阶级。70 年是对剥削阶级的一次强制性洗牌。其他国家也想这样，但是由于人口少，一旦他们这样，人口会大量流失或者动用选票来推翻政府，并且少量的人口也没有必要出这种冲击价值观的政策，大一点儿的国家采用房产税来比较柔和地洗牌，其他的手法还有鼓励新建城市或者是周期性的经济危机等。但是 70 年的土地使用权长期看对民族性格的影响也是深远的，或者说 70 年就是一个视角，一个有远见的外国人从这个视角就能发现这个民族的根本属性是不喜欢将命运交到别人手里，也就几乎不可能永远甘心做第二过好自己的小日子。而如果一个人每时每刻都希望自己掌握自己的命运，那么他就会有二战时候苏联的那种不安全感，不倾向于不牢固的均衡，而是一劳永逸的绝对优势。要知道统治阶级在掌权之前也大都是在社会上摸爬滚打的，深受社会普遍价值观影响，所以从政策上看到的统治阶级的本性几乎能代表社会群众的属性，并且会与上一代人有所衔接，那就是

他们几乎每个人都倾向于掌握伺机变化的权力。这种情怀会体现在生活的方方面面，例如房东倾向于签最短时间的合同，为的是掌握可以随时加租赶人的权力。各种租赁服务也几乎不可能存在长达五年的租赁，都是短期的，公司对于大多数人用工合同倾向于签约时间越短越好，但对于人才倾向于越多越好，而人才却倾向于签约时间越短越好，如果法律允许婚姻约定时间，也一定会是拥有优势地位财富的一方倾向于越短越好，这是一种完全正常理性的为自己争取最大利益的机制。如果说以上的例子在国际上也有类似的利益现象，这种性格最彻底的体现应当是整个社会对财产的认知上，人们不认为财产是神圣的时候，侵犯它就没有丝毫的愧疚。如果有人写了一句很优美的话，其他人会直接把他当作自己的来用而无丝毫愧疚感，如果有人说了一个观点被他听到了，他会认为那就是自己的观点，如果别人在产品上创新了，只要法律允许他稍加修改就会当成自己的，丝毫不提他的先驱者的功劳，而有的国家即使法律不管，民众也会认为侵犯别人的知识和创作是耻辱的，一个普通人即使不赚钱也不能丢了原则的现象在尊重永久财产的国家比比皆是。齐桓公好服紫，一国尽服紫。威权社会，制度就是社会的上示范，而群众的价值观、人生观就会是跟随而动的。很多社会制度制定者在制定制度的时候，更多考虑的是制度效率，甚至只是短期效益，而较少考虑制度的社会示范属性。

　　例如民主社会的人民在生活中由于听惯了太多的是非对错，最后发现没有对错。所以他们一般会有自己明确的坚持，不容易被其他人动摇，也就是抗忽悠的能力高，只尊重自己的需求。而集权社会习惯了服从，当有人振臂一呼的时候，就倾向于盲从。所以国际上很多案例，习惯于集权社会的民族，一旦放开民主就有很高概率变成一锅糨糊。非常自由的国家如果爆发内乱，互相之间的争夺目的一般是为了理想，而集权国家一旦发生内乱，互相之间争夺的一般就是权力。如果有人能在成熟的民主社会得到大部分人的支持，那就充分说明了这个国家的人民即使是自由选择也最后走到了一起，即使他没有地位，只是凭借自己的观点，这是非常不容易的。而集权社会除非用威权强压，否则即使一个人从心底认可另外一个人的看法，他也会否定他稍微转变成自己的，因为说出看法的并不是威权人士，而自己的声音完全可以轻松隐瞒唯一的上级裁判的视听。自己的民族再如何优秀的电影，他们会对任何敢于创新的创意打低分，尤其是在互联网平台上写评论的时候，否则不能突出他们已经掌握了多少出色的电影学问，卖弄的冲动遇到大胆的创新，通常评论者都会长篇累牍地说出一堆证据证明自己的优秀，甚至用了非常多的专业术语，但同一个电影如果在外国大卖了，他们也总能找到一堆论据来证明这个电影如何好。因为他评价的根本出发点是希望自己是真理的，而并不是找到什么才是真理，当有意见领袖表达了意见之后，没有人愿意听反对的意见，他们同样就会高唱赞歌。这在一定程度是威权压抑的表现欲的发泄，因为这种模式下，同一个讨论几乎一定只会有一个或几个最终的结果上达天听，对于其他的被过滤掉的而言，就是没有价值的，也就是非好即坏。这个天听可以是阅读这个评论的任何一个读者，他一般只会看最终被选择出来的那几个，所以评论也变成了营销。

每一种性格都是各种社会制度综合作用的结果，比较少有一项制度就能塑造一个性格的，也并不是所有的社会性格都是由制度塑造的，从历史和外部都有很大影响。人们综合的受到各种制度的影响，形成了多种独一无二的性格。同一个制度在不同的国家很可能塑造的性格是不同的，但是让任何一个人在一个制度的国家生活，他也必然在性格上受到这个国家制度的重要影响。

义并不是朋友，它是一种社会准则，标称自己为义的，必须要执行义规定的义务。救人危急，侠肝义胆，为国为民，仗义疏财。如有违背，义的圈子就排除这个人，是墨家文化的延续。而尊老爱幼、长幼尊卑、谦卑等则是儒家准则。这种社会准则构成了这个圈子里的社会制度，而这种形式的制度对圈子里人的性格影响几乎是绝对性的，同样原理的制度还有各种各样的宗教。同样制度下的人性格同质性会非常严重，这种同质性，被称为文化，文化本质上就是制度的社会反映。很多人过分强调文化与艺术的重要联系，然而在集权制度上从来不能内生地产生抽象文化，也不会习惯于现代科学的一步一个脚印的逻辑，也就更不用说抽象画，艺术与社会也是相关的。因为他们所接受的是跨越式的强制的暴发户式的前进思路，只是在现代人们普遍发现了科学逻辑对科研的重要性才逐渐采纳，但是也只是作为一个方法学，而不是人生哲学。像大部分日本人都会认为步子要一步一步迈的做人哲学在其他国家是缺少的，因为日本自古也是臣子发挥比君王更加实际的作用的。但是欧洲单个国家内部也好不到哪里去，他们之所以创造力很强的重要原因是他们是多个国家，但是是一个世界，对于文化来说，就相当于是一个国家多种思想，是非集权的模型。

　　如果一个集体过度培养集体内部的认同感，就会变成对外部世界的绝对无知。而这种无知带来的后果可能是毁灭性的，要么让他们太大胆，要么让他们太谨慎。皮萨罗对印加帝国的征服就是一次对社会模式外部脆弱性的生动阐述，100多人征服600万人口的帝国，如果让印加帝国与欧洲文化交流几十年，甚至不需要任何的科技输出，这种程度的征服就绝对不可能发生。当社会形成了思维定式，遇到自己无法解释的现象出现时，社会将会无比脆弱，脆弱到不可思议。就像当天上出现了一个巨人能控制天气，基督徒可能就会认为这是他们的审判而从容地接受屠杀，基督国家整体可能都不会反抗。普通印加帝国看到枪炮和战马如同神明一般，其实很可能人类的几个飞机就可以消灭这个外星巨人，而他只是一个被他们的社会放逐的屌丝。而如果一个世界里有多种宗教，或者是多种多样的世界观，例如有一大批人认可人是从鸟变来的。如果天空出现难以解释的现象，很快新的解释就会出现，因为社会已经有了那么多解释，不在乎多几个。而同时出现的必定是多种有各自信众的新的解释，就有更大的概率某个信众群体采取了正确的处理方法，就像当前的多个国家并存对同一个不可解释现象会得出不同的结论一样，而一个集权国家内部所持的结论则基本是一样的，反对声音通常会被压制。允许多样化的社会制度就会带来集体在灾难面前稳定和人们的信仰多样化，归一化的社会制度会带来人们在某些事情上的一条心，但是遇到无法解释的事情的时候就可能集体迷失。

经济学本身的设计就是一种制度规章。在这个制度里如果存在多个国家，那么经济下滑、国进民退、贸易保护、关税壁垒、区域同盟、民粹主义、扩张，开打这个周期永远会来，不可能避免。如果只有一个国家，国家内部的经济危机波动也就不可避免，一定会来，否则就会迅速阶级固化，退出经济社会的行列，而多个国家并存还可以靠剥削其他国家来解决一些国内问题。

集体进步的原理

人们组成集体绝对不仅仅是因为这样才能生存，更主要的是集体永远会比个人强大，因为集体对知识有内部积累的能力。当然不排除最早的部落组成集体就是为了欺负人。当一个部落掌握了如何使用弓箭，本部落的所有人都可以快速低成本掌握，而可能几公里外的部落就不会，很可能当时黄帝的快速崛起就是因为技术的不对称。掌握了先进知识和技术的集体就可以在已经掌握的内容基础之上进行再创造，而仍没有掌握的，还需要去发明最基础的工具。一个群体里面很有可能有人有天赋可以改善弓箭的射程，但是这个群体里面没有弓箭这种武器，他也就默默无闻。

比如新中国成立的时候人口也很多，但是国家内部什么都没有。如果没有国际环境的知识支持，中国恐怕连像样的课本都做不出来。这就是当前的世界信息快速传播普及的时代，一个人的智慧可以迅速传播到全球，从这个知识分享的角度看，整个人类成了一个有机的集体。当然国家之间的博弈和信息封锁依然存在，但是这也只是限于高端领域了，每个国家所能保存的高端领域的私密知识的量会非常少，因为他无法培养有效数量的高阶知识接班人，所以当一个国家的知识技术领先到一定程度时，他的很多知识就一定会外泄，他们甚至都不会尝试去继续封锁，因为虽然泄漏的知识在全球可能是高阶的，但是在他们国家已经是基础教育的需求。但是也有以博弈为目的的知识分享，例如密码学，你不能否认 RSA 等美国制定的标准化密码美国本身是可以破解的，但是全球都无法破解，所以全球都在用。

知识的内部分享和积累是集体进步的唯一原因，否则靠以家庭为单位进行知识传承，只能形成部落（你不能组织积累了更多知识的部落再次合并为大集体）。我们做科研也必须要站在别人的肩膀上，所以现代论文一般都可以见到一大堆的引用，严肃地说，没有引用的讨论学术是一定有失偏颇的，或者发出了别人已经做过的工作。

所以从这个角度也就不难理解，集体力量的崛起的根本原因是通信技术的发展导致的人们的观点和意见的快速传播，也就不难理解通信技术才是人类发展的第一动力。也正是由于通信技术的发展，才会导致集体的历史回归现象更加快速和显著。人们很难再创造新的世界模型，因为已有的几种就足够所有的集体进行充分的选择，没有人有动力去尝试，也就没有人会有动力花一生去做严肃的思考。

群体的历史回归现象是群体无论经历多少变化，人们总会拾起历史中的一个片段，然后把自己变成历史中的那个样子，稍加改进，与上一个文化完美结合，这也就产生了新的历史片段，为以后再创造新的片段提供了素材。我们即使做前沿的科研也是类似的协作模式，没有人可以在量子还没有发现的时候，就发现化学分子的量子模型。

在时间长河中看集体是靠积累而进步，但是在某一个时刻点，集体进步的原因就是分工。以前的自给自足的经济，几乎就没有自我生产的住户实际地推动集体知识的积累和进步，但是在一定程度上的谚语和一些生产经验在茶余饭后被广为流传。真正对社会做出实际推动的是上层的专职的精英阶级，他们有的负责战争、有的负责教育、有的负责观星、有的负责户籍等。也正是这些人会著书立说，让后续的人可以更容易地接触到好的文化。就像我们读书要读好书，文化的传承在很多时候靠书本，在当代逐渐变为靠 paper。

直到近代，在民众阶层开始大规模地分工生产，于是社会爆发了巨大的创造性，但是同时也带来了问题。分工社会使得在本职工作的个体可以非常理性，但与社会的各个工种的交互中，两者没有理性的专业基础，反而更容易就直觉在一个点达成一致。典型的精英政治家做出的结论放到全国人民公投的时候就可以做出相反的结论。越是分工程度高的单纯人民组成的社会，越是会用最前线的意识投票。如英国人的脱欧是精英政治家长久考虑不可能做出的决定，但是民众可能会因为上千个利益点中的某一个点无法忍受而达到惊人的脱欧决议一致性。

集体发展到今天，最显著的现象是知识积累总量越来越多，种类越来越多，多达没多少人能够深入超过万分之一的领域。这首先对领导人提出了非常严苛的知识要求，其次会导致领导人的可能正确的执政让越来越多的群众不理解、不赞同。和而不同是集体稳定的最重要方式，不同我们已经有了，和就是文化与宗教。文化越发展会越凸显其对资源调度的重要作用，并且会逐渐超越政治制度本身。在未来的国际博弈中，文化基础弱，或者说是多元文化的国家，是无法抗拒历史潮流而被淘汰的。

集体的发展轨迹

并不是所有的集体都会形成国家，但是集体一定会形成。无论是部落还是邦国、城邦，还是语言等类同的组织。集体形成的原因是个人无法完全驾驭自然，也无法获得充足的生存资料。由于天性使得必须男女才能繁衍，这就给人们提供了一个聚集在一起的最好理由。聚集在一起是一个分布式的过程，同一时刻在世界的各个角落都有人群因为各种原因以各种形式聚集在一起，然后各个集体之间就会为有限的资源展开竞争和合作，集体的意识会进一步加强。

但是随着集体的征服与融合，集体之间出现了不平等的组织关系。有的集体（例如被征服的部落）被允许加入征服者的集体，有的集体之间融合产生新的集体，这就逐渐形成了不平等的集体体制。所以奴隶制在社会发展的初期是必然现象，是集体碰撞的必然产物。但是又由于奴隶与奴隶主的长时间共存，互相间的差异一定会逐渐变小，而随着信息的交互，只要有一个集体的奴隶制被废除，其他集体的奴隶制就会被废除。所以奴隶制废除不是必然现象，其前提是集体之间拥有不可融合的生理特性（人种），并且社会处于独裁并没有其他对等实力。

也就是说如果白人建立了统一的世界帝国，那么黑人的奴隶身份可能永远无法废除。但是如果白人形成了众多的平等的国家，那么黑人奴隶一定会在某一时间废除，白人奴隶会被废除得更早，因为其可融合性。这是社会发展的必然和偶然。

而集体拥有其可以发展的上限，这个上限也是取决于对人类一项胜利条件的运用：想象力。创造出共同的想象，集体成员之间的沟通成本会显著下降，更大的集体就可能形成。这也就是西方早期的集体都是神话与政权合一的（很多甚至没有政权，只是靠神话维系的，例如北欧维京）原因。随着想象力的发展，地球集体想象模型大概出现了威信、神话、阶级概念、宗教、规则组织五种。最早期的靠不太需要想象力的个人威信，很可能是力量。随着想象力的发展、神话的诞生，能够诠释神话的人获得权力，但是神话的特点是排他的，一般只适用于一个地区。随后根据扩张性的宗教概念诞生了，很多宗教也是有地区概念的，但是大部分宗教都是普度众生的。这就提供了可以无限扩大的集体认同感，可惜的是这种编得比较好的宗教（能吸引人）在传遍世界之间互相遇见。还是历史的偶然，他们同时出现，互相竞争，互相匹敌，并且同时存在的还有阶级社会（例如欧洲和古中国的公侯伯子男），这些阶级社会有的时候还是宗教社会的一部分。这种最矛盾的体现就发生在了欧洲，同时拥有阶级属性和宗教属性。这就导致他们分无法分、合无法合，于是现代人类

理性人

最伟大的发明——国家概念，诞生在这里。

国家是欧洲分合无法的产物，从诞生的那一天就是为均衡服务的，本质上就携带着平等的思想，所以无论创始的时候是怎样，国家之间最后必然发展成平等关系，这是国家创造时期就决定的结果。西方诞生国家的时候（主权概念），非洲和美洲还处于神话阶段，中东处于完全的宗教阶段，哈里发依赖神权发号施令，虽然现代历史将奥斯曼、土耳其也归为国家，但是在奥斯曼与欧洲接触前的相当一段时间，他们是不知道国家是什么东西的，我的话有人听，那就是我的地方。神权至上遇到更具活力的国家概念，立即土崩瓦解，西方国家立即在瓦解的中东人为地划分建立了国家概念。直到现在中东还不完全认可国家概念，仍然试图恢复宗教统治，希望整个伊斯兰地区对外是国家，对内则是完整的伊斯兰地区，不存在国家概念。事实上，他们一直在努力，但是暂时未能成功。从客观上讲，宗教体制对国家体制的对抗宗教体制前期会失败，败于活力不足，但是后期一定可以胜利，胜在持久的号召性。国家可以被灭亡，有的宗教是不可能被灭亡的，这就是不可改信的宗教。所以，从自热规律看伊斯兰最终可以在中东驱逐欧洲国家概念，而这里的国家就是最初级的规则组织。

规则组织正在以强大的生命力在全球演化，国家之间的联合、国家领域的联合、拥有共同理想的跨国家组织的形成、公司制度、跨国公司制度、合伙人制度。这一系列现代化的基础都是规则组织的产物，并且其还会不断地有新的产物。

这里有两个问题没有回答：中国的演化是什么样的？如

此活力的规则组织输给故步自封的宗教组织的历史必然性仿佛逆天理。

　　中国最早从神话过渡到阶级社会，在阶级社会产生之后的不久，宗教试图产生，但是同时产生了太多的宗教，导致没有形成宗教集权，反而形成了固定的阶级社会，宗教被弱化为文化。阶级社会的属性是一旦形成，统治阶级就在不断地发展集权理论，下层阶级就会不断反抗集权，但是由于没有更新的意识形态传入，反抗成功最后又变为阶级集权。所以阶级集权就在中国以滚雪球的方式发展，直至最高集权的清朝，如果没有外部更先进的国家文化入侵，清朝的下一个朝代一定还是阶级的（看看太平天国）。也就是这种社会陷入了不可能自我走出的情况，如果中国在清朝已经是全球的统治者，全球就不可能再走出集权的阶级社会模式，这也是历史的偶然。

　　而古代中国的这种阶级社会也根本不是国家的概念，中国历史上从来没有自称为国家，虽然有天朝上国这种称呼，中国从来都认为世界是阶级的，中国的统治者是阶级的最顶端。这与中东的世界是宗教的，伊斯兰是宗教的真理有异曲同工之妙。所以如果想要学集权的组织统治就学习中国文化，这是世界顶级的；如果要学博弈论，就一定要从西方文化中寻找。这也是释放了人性恶的经济文化下，西方组织一枝独秀的原因。几百年前，世界上并存 4 种集体：神话部落、宗教团体、阶级组织、国家组织。现在的情况是国家组织一枝独大，并继续演化，其他的并没有完全消失。现在的中国就是对内集权，对外博弈，然后在内部也创造博弈，是高度吸收西方文明的融合体。然而欧洲的均衡国家已经在试图放弃均衡国家的概念，希望集权，但是又无法做到。美国在一定程度做到了，但不彻底，所以注定美国的称霸是暂时的。所以，从长期看，中国最早诞生了更先进的融合体制、最先进的集权思想外加吸收的博弈理论。组织范围的竞争，长期来年中国是可以胜利的。

但是第二个问题，宗教模式并没有失败，它会不会继续成功。其不具备活力，但具备比集权体系还强大的动员能力。由于先进武器的发展，泄露到中东几乎是必然事件，只是时间问题，而中东的强大号召力决定了其必然会使用。而长期看，联邦制国家不具备长期统一的自然基础，所以崩溃又是必然事件。只要俄罗斯或者美国等压制中东保持其分裂的联邦制大国崩溃，中东必然统一，国家体制必然遭到最强大的挑战。而一些集权体制是不具备保持中东均衡操作的能力的。所以，目前的情况就是：如果俄罗斯和美国崩溃，世界必然崩溃，能在这轮崩溃中坚持最久的一定是中国。西方国家体制压制了宗教，因为国家比宗教先获得权力，而对于宗教先获得权力的伊斯兰，国家力量长期是不能阻挡的。

中国的历史选择阶级，顶级的集权对抗顶级的宗教，孰能胜出，尚有可变因素，唯一的可变因素就是大规模杀伤性武器，否则宗教必赢。

所以，从自然规律上看，人类奴隶制的产生是必然，废除是偶然；宗教的产生是必然，而国家的产生是偶然；中国的现代化是偶然，而阶级化是必然。几百年后国家概念与宗教概念孰将成为统治标准尚是偶然。

最后，集体演化的最终结果必然是统一。也就是说世界必然统一，没有第二种可能。统一之后的形式一定不是国家形态，或者是阶级形态（朝代），或者是宗教形态。

现行的国际规则没有规定如何才算国家，用大白话讲，被世界承认是国家就是国家，那么这个世界指谁？没有固定领土一般不被视为国家（某骑士团算是个例外），不像公司可以创造注册，然后自生自灭，国家没有合法的创造窗口。流亡政府是否算国家？现行国家体制是模糊的，模糊的东西就一般是强权者随意解释的工具了。最后就变成了我说你是国家你就是国家。美国如果说关岛是一个独立国家，它还真能是一个独立国家。

信息的高速发展导致了知识膨胀，确实好的知识隐藏在大量的无用知识里，由于大部分人无法准确地获取（高质量知识的特点是必须学会才知道学的是对的），所以导师更加重要，进入精英阶层的门票反而更难获得。没有知识就没有智慧，随着信息技术的发展，你会发现社会的知识在增加，拥有智慧的人反而在下降。知识膨胀与中国文化的言简意赅灵活多变是相反的。所以信息化会让中国人前所未有地矛盾，如果做到了勤劳和对老师的尊敬，这个坎还是可以过去的。

现在已经不是能不能统一的问题，而是统一之后是什么样子。

第五节　个体

个人存在目的

　　每个人都问过自己"保安三问题"：你是谁、你从哪里来、你要去哪里。每个人都给出了阶段性的或者对自己来说是最终的答案，并且这个答案在人群中千差万别。不是所有的问题都有唯一解，不是所有的问题的答案对每个人都是对的。导致这种差别的根本原因在于个体的差别，个体的差别由天赋和后天组成。

　　一个人从小到大经历了不知道三个问题，到知道三个问题但是不知道怎么回答，到在别人的帮助或者要求或者自己的胡乱选择下假定的回答，再到根据自己的性格、特长、喜好等做出一个对自己最合适的回答，然后出现分歧：有的人形成明确人生目标，并为之奋斗；有的人称之为命，可预见的未来或者压根儿不去预见未来，就有足够的动力按照这个模式去生活，直到或者一直没有偶然事件对其心意的改变。生活是自私的过程，每一天每一刻都从自己的喜好利弊得失出发，在当下的环境尽可能地让自己舒心。你孝顺父母也好，做义务劳动也好、赚钱养家也好、教育子女也好、研究自己的兴趣爱好也好、偷窃也好、作为一个奴隶伺候主人也好、作为一个农民耕种也好，此时人生的目的只有一个，就是生活，活着就是为了活着。

而另一种人会部分地放弃生活，事业这个词可以很好地概括他们更加投入的部分。工作不等于事业，这一点不必多解释。爱因斯坦死前烧掉他的手稿的考量绝不是自己的生活，传教士冒着生命危险在全新的美洲传教很多是为了信仰，毛主席一手打下的天下也绝对不是为了让自己过得舒服。这些人，无论是科学领域，还是社会学领域，全部是顶层社会架构的设计者和自然架构的探索者。

个体拥有陷入特性。你会越来越相信你所相信的，并找到各种现象来证明让自己更加相信。性格没有稳定之前，你可能会否定掉你曾相信的东西，但是取决于经历你会越来越少地否定自己，而是承认自己、承认别人、接受不同，俗话说，都是时间磨出来的。这种人可以是经济学中的理性人、可以是一个悲天悯人的悲观人、可以是一个处处关心他人的善人，也可以是一个性恶论的理性人。这个时候的人，统一叫作稳定人。

也就是说，所有稳定人可以统一划分：发现者、社会架构设计者、社会架构使用者（也同时是架构的维护者）。每个人都是这三者的结合体，但是各有侧重，可能发生转换，但是概率极小。就像让产品经理转行写代码、让市场人员转行做化学，阻力不只是来自社会，还来自个体。

天赋问题

人身体有器官负责与感受外界、有器官负责管理内部，

理性人

而所有人无论是感受外界和管理内部的器官都是相同的，这个相同点是人类找到生存意义的最重要前提。所有的物理器官都只是物质和工具，这些东西人类迟早可以造出传感器、机械臂，能力比人自有的厉害很多，但是难以造出人的感情，因为目前科学对感情一无所知。

阅读完本书，你会知道一个论点：感性是由理性发展出来的。感情的产生也很可能是理性的结果，谁也无法想到一块石头和一杯水竟然都是由同构的随机化的量子组成的。不确定性是确定性的前提，随机性有多精准，其形成的稳定性就有多稳定。稳定的世界由随机性构建，而稳定的物质世界又可以诞生随机性强烈的感性世界。对应的，感性世界又会进一步理性。没有最终的结果，只有相对的相辅相成的过程。例如你没有高随机性的随机数产生器，现代计算机技术就几乎不会发展，很多时候你必须得确定你要做的事是充分不确定的，你才能做确定的选择。

感受外界的器官有五官和皮肤的神经末梢。这个感受是物理上的感受，不能否认存在精神上的与外界沟通的方法。本章只能声明我个人相信精神沟通的存在，但是在越来越理性化人格的今天，这种通灵几乎不可能存在了，但它依然在人身体里。我相信真心乐于助人的好心肠的人是有好的运气的，我相信做坏事的人是会遭到报应的（可能在下一代）。我也相信非常热爱自己孩子的母亲在远游的孩子快要到家的时候她能感受到，我也相信相爱的人生一样的病，爱一样的事物，一人生病另外一个人会有感应。

物理上的五官，除去任何一个，现在的社会就不是这个

样子。没有听觉，语言也就失去了意义，人类社会会高度冷静与智慧，同时社会会充满了恶毒与暴力。人类社会的组织很大程度上依赖于沟通，阻碍了原始的沟通手段，沟通就会变了形式，而组成集体的不可或缺的人格魅力也会大打折扣，社会一般就是集权式的、等级森严的，毫无活力。我们其实也可以见到集权的标志就是不让民众说话，反过来不说话的人类就一定会导致集权的社会。

如果失去了视觉，人类会更容易理解这带来的巨大的社会的不同，因为我们依赖视觉超过了所有其他器官。盲人是少数的时候他们会得到关照，但是人类集体是盲人的时候，人类之间的交互会高度依赖声音、触觉和感觉。声音会被社会最高意义地重视，人们会演讲、会讨论，但是不会有太多的大规模集体暴力。也就是说没有视觉，交互的过程会喧闹，但是也会文明，因为大家会认识到喧闹是不好的。但是法律根本不可能形成，杀人也根本不可能会被追究。所以看不见会让各个集体以最高的紧密度抱团，会形成结合最紧密的社团，信任就是最重要的品质。非我族类，其心必异的价值观会深入人心，最终形成的社会一定是高度平等和团结的。视觉赋予人类很强大的改造世界和认识世界的能力，但是同时让人类的感性能力受到压制。越锋利的兵器越容易伤到自己。

你为何不奇怪所有的文化，无论再怎么独立，永远可以发展出舞蹈和音乐，而舞蹈也一般是随着音乐跳的。所以你不能将音乐现象归结为后天的培养，这是一种更深层次的生理反应和生存目的。人们会发展出如今丰富的音乐文化，这是生理追求上升到精神追求的体现，精神追求是人生存的目的，而几乎所有精神大厦都有其赖以奠基的生理基础。如果某个个体从小可以听到超声波，那么他最终的精神追求与常人一定会有很大区别，这就是生理上的差之毫厘，精神上的谬以千里。生活中理性程度越高的人，往往就越五音不全，这可以用用进废退来解释，也可以是本身他就不全，所以他会理性地反推。

人的视觉是一个很厉害的感性过程，虽然是理性的物质存在。是的，不算进大脑，视觉本身就是一个感性的过程。为何呢？大部分使用眼睛，都会把眼睛当成一个器官和工具，有世界图像的输入，输出是到大脑的某种对图像的分析结果。是的，就是这个分析结果，如果你去考虑怎么分析，你就知道这绝对不是一个简单的事情。

我们从人类自己发明图像识别算法的过程说起。人们最早根据图像很多不可见光是可以去掉而不对人眼造成视觉影响的原理，开始了图像的压缩技术。后来根据图像一般会出现大片相同的颜色，只有在突变的时候才会有更多的信息熵的理论，使用了傅里叶变换，在频域（也就是颜色变化不明显的地方）进行冗余信息的去除（这个去除是有损的，但是以最小的损失带来最大的收益）。于是现代可压缩的照片构成了整个图像分析的大厦。

人们对图像本身的计算机分析也从颜色到频率的进化。然而最近发展出的实践是应该提取图像的轮廓，毕竟轮廓才能与现实世界对应，才能做到图像识别。但是几乎穷极了人类目前最聪明的一群人，人们也只能从图像提取出基本的轮廓和颜色。你用百度搜图搜一个头像会发现搜不出几个精准的，然而人眼却能直接把一个人的脸记住并且识别。

所以人眼不仅拍照，还处理，并且以大脑可以理解的方式进行处理，也就是预分析。很多时候感性的人还能从别人的眼睛中看出善良、真诚，有的则是邪恶和奸佞。这是眼睛理性功能的感性升级，眼睛是人体最有感情的器官。

也正是由于所有人类的眼睛的处理能力和处理逻辑都是一样的，所以人们见到相同的世界，可以同样地理解世界（即使产生了不一样的理解也有互相说服的生理基础，而在庞大的人群和历史的长河面前，可能就是一定）。所以人们可以组合、可以协作、可以互相战争。看到同样的世界是人类社会存在的最根本基础。

人吃一块糖可以影响心率、改变大脑活动、消除沮丧情绪、改善帕金森症状。大肠的细菌也能影响我们的心情，迷路的时候我们会关闭掉车载收音机是因为会影响大脑的处理能力，我们边走路边摆胳膊是因为随着节奏摆动能够更少地损耗能量，用电子书看书心情不如纸质书，效果也不如。敲脑门能降低食欲，肝不好会容易发火，生病的时候你做什么都没心情。你认为最重要的梦想，在你失去身体的时候，你可能会彻底改变你的梦想。年龄让你改变你认为重要的东西。我们的心情、幸福感，来源于别人、来源于理性，更来源于生理。

后天问题

人类是互相协作的，互相协作是人类组成社会或者竞争性团体的基础原因。人类社会除了互相协作外还有一个基础的属性：就是记忆性。也正是这个记忆性决定了这个社会能做什么、不能做什么，喜欢什么、不喜欢什么；也正是记忆性决定了这个社会的新晋个体的行为特点必须是与社会相符合的；也正是记忆性决定了具有不同记忆的集体不会那么容易融合和相处。人类的进化是由无数的错误组成的，记住这些错误才成就了现在的我们。

后天问题是基于生理独立演化的，而演化之后的社会互相碰撞的时候就完全是后天不同的解决了。所有人的先天都是大致相同的，本来不存在协作难度，正是由于集体的记忆原因导致的人与人之间的割裂。社会是个体快速认识世界的工具，但是永远是片面的。这个世界目前存在不同的认识世界的角度。

这就是价值观，在一个集体中人群的平均水平价值观是相当的，几乎大家想要的都一样，例如年轻的美国人喜欢冒险和耍酷，年轻的中国人也越来越向美国人靠拢（感谢美国的文化输出），但是最终还是更看重家庭，但是年轻的非洲人就不会想着去耍酷，而很多是想着去如何追求生活，他们很多称勤劳的中国人为"人肉机器"。以前的中国成年人整体上希望家庭稳定，三代同堂，你让美国人三代同堂生活估计大家都疯了。现在中国人也在变化，也在向美国价值观靠拢。经济学的理性人概念是主要的推手。以前可不知道什么是理性人，只知道什么是道德人。钱是该花的就得花，不该花的觉得爽也可以花。啥是该花的？不同文化有不同的解释，但是很多是非理性人的，例如朋友、例如面子等。但是理性人却告诉你，钱只有在能带来利益的时候才该花，彻底摒弃了一切的不同。

后天教育与环境

　　一个人成长于所处的社会，刚出生的时候，人与人之间的天性几乎一样（每个人其实都有某些方面的天赋，只是绝大部分人没有被发掘）。在刚刚开始接触社会的时候，爸爸妈妈告诉他们什么是对的、什么是错的，他们起初是抵触的，凭什么我是哥哥我就该让着弟弟？后来在不断的生活中发现其他的哥哥也让着弟弟，或者是社会上普遍就是这么认为的，他就开始坚信自己是哥哥，自己就该让着弟弟，这就是后天环境和教育的力量。

　　中国人最了解的一点就是父母是孩子最好的老师，这个老师不但是教授知识的，绝大多数日后的喜欢与不喜欢、想要与不想要都是在成长早期形成的。也就是说，父母可以很大程度上塑造孩子存在的目的，也就是他的价值观人生观。但是这个塑造要在当前的社会大环境下的。因为孩子从小也会看到社会，父母没办法让孩子信自己而不信全社会，所以最优秀的教育家父母可以在当前社会价值观的前提下随心所欲地塑造孩子的价值观，并且不会让人感觉到任何的不适，因为最后那就是他们自己的想法，你不让他们那么做他们也会那么做的。

　　如果父母的塑造能力不够强大，孩子就会更多地受到他的朋友的影响，由于同龄的朋友一般也是受父母的影响，而如果你影响不了你的孩子，你孩子的朋友的父母基本也不能有效地引导孩子。这是由于同类相聚，你是个农民，你的孩

理 性 人

子基本不可能与省长的孩子一个班成为朋友。这是社会限制，在任何的社会都是如此。此时孩子形成的群体就会相对自由，而监管诱导的责任就更多地在老师身上。小孩子学好不容易，学坏不难，所以这种环境的孩子一般会集体沉沦。一个班级只会有非常个别的家庭教育比较好的会不受影响。

这里说的家庭教育好，其实即使是个农民，什么都不懂，也可以是个非常优秀的教育家，因为教育可以刻意，也可以直接影响。一个善良淳朴的父亲，一个辛劳持家的母亲就很容易产生勤奋好学的孩子。但是这种孩子一般是有局限性的，限于视野，大部分人会在进入社会前就被社会无情地超越。因为社会并不是单单勤劳就能胜出的环境。虽然我们的领导人曾在努力塑造这种环境。

小孩子平时接触到的物理事物，会对孩子的世界观产生巨大的影响，无论教育是什么样的，这一点通常被忽视。例如家里收藏了很多兵器，无论父亲是否去经常摆弄，小孩子会去经常摆弄，只要大人允许，而从小拥有这种明确兴趣的孩子的成长潜力是惊人的，因为他不会有视野局限性。这也是一个社会现象定理，就是能把任何的物质，做到极致都可以是社会的顶级精英。只要喜欢兵器的孩子一直喜欢兵器，他的生活就有明确的驱动点，就更容易看到别人看不到的东西，就更容易坚持，从而就更容易突破。

后天思考

经历同样的事情不一定产生同样的结果，这就是人与人之间的区别。但是这个现象的根本原因是什么呢？在于非常微小的随机。输入 A，响应是 2.9–3.1 之间。假设是 3.1，然后再输入 B，响应的范围就是 3.0–3.2 了。下一次的范围取决于上一次的微小偏差，我们都经历类似的事情，产生类似的结果，但绝不会一样，并且随着经历的增多，差别会越来越大。我们最有体会的是大学期间大家玩得很爽，十年之后再见面，忽然发现人与人意见的不一样，简直如天壤之别，那是因为大家后来经历了差别很大的出入。但是类似经历的也会慢慢显示出差别，有的当组长了，有的写 Python 了，有的写 C++ 了。社会是个万花筒，因为不一样造就了不一样。

这个不一样的响应（即使两个完全一样的人完全一样的输入，当然这是不存在的），取决于思考。人的随机性在哪里？就在大脑。因为价值观大都是成年前培养的，而成年前，个体的身体素质几乎不对思考产生影响。所以虽然身体素质也随机，但是真正影响的是大脑。大脑在某种程度上与量子很像，都具有不可捉摸的随机性，但是这个随机性对外的表现，却能组成相对稳定的现象。随机这门哲学,我有一个论点：随机是最有意义的确定。想要多确定，就多随机，最复杂的环境的底层绝对是最稳定的随机。如果你要创造一个世界，先创造一个随机。是的，上帝基本只创建了一个法则：随机。

一点一点地思考的差别，造就了同样输入导致的世界观价值观不一样，这也就产生了不同的人生目标。

后天事件概率

前面说的是所有输入都相同的情况下，思考的随机性的作用。现在回到现实，后天事件不可能相同，只能相近，人们只会越来越走进与自己相同的人，你是写代码的，你生活中就会有越来越多的写代码的，每个人后天经历相同的概率太小，但人群很大，你总能在某个岗位遇到与你有类似工作经历的人，这些人都是精心地从全国选拔出来的。随着行业的分化，寻找到相似经历的人越来越不容易。你初中的同学，怕是你连话都说不上了，除非你依然和大家在一起。大家都会发现人生的大部分朋友都是大学的同班同学，这是因为那是一个无争的环境，并且恰好大学的同班同学大部分经历都类似，不会偏离太远，如此当相聚的时候，大家不是互相晒自己的经历，而是互相同情和干了同一杯苦酒。

后天事件为何有相同与不同呢？还是因为随机，一个基本的微小的随机随着社会的不断发展不断地扩大。在农耕时期，大部分的农民都是几乎类似的经历，都有同样的七大姑八大姨，只是风俗不同，但是都是农民，工种是相同的，排除语言因素外，所有人都可以在一起也可以不在一起。人与人的差别是不会像今天这么悬殊的。某一项科技的发展，波动了随机的波动幅度，这就让随机值迅速偏离与差异化，所以科技是更大的随机引擎。其实科技本身就是人类使用自然的更高效率的手法。

自从通信技术发展，尤其是互联网技术的发展，知识普及速度让人叹为观止。社会的进步取决于能否快速利用其他人的成果，而互联网让这个速度变成了立即。本来互相不通的轨迹，由于使用其他人的成果会更快速地发展自己的成果，所以大家都会去使用其他人的成果，最后导致的现象是社会的趋同性非常迅速。你会慢慢地发现，社会在相同，人与人在不同。我们共享同样的新闻、共学同样的成果，这是相同的原因。新闻太多、成果太多，导致大家只能越来越集中关注某几方面，导致不同，随着学科的继续演化，不同会加剧。

一个好的社会不会这么任由不同发展的，既然不同不可阻挡，那么好的社会应该去努力发现相同的地方，这就是社会文化。未来的社会，缺少强力的文化，无论再怎么发达最终都会崩溃，因为力量是分散的，而集中式的文化就更容易产生强大的向心力，让所有不同的后天事件都在一个相同的框架下理解，比如神的旨意、天皇、罗刹等。

第六节　自然理性与自然感性

个体与群体的变化关系

数学中的自然底数 e 是群体不节制自由分裂单位时间内群体的扩张倍数，是个体和集体之间的联系上限，也就是群体自由分裂，每次单个个体一分为二，单位时间，个体的总数将达到之前的 e 倍，这个数就是自然底数。这个例子对得起它的名字了。

实际中群体的分裂都是要受限的，如果在受限的群体情况下，增长达到 e 就定义为这个群体的单位响应时间，那么这个群体在其他群体事件中也会以这个时间做出响应。响应时间短的群体（可能不止一次分裂为两个）叫敏捷群体，敏捷群体反应激烈，不稳定，但快速变化。响应时间长的（超

理性人

过标准的单位时间）叫迟钝集体，对变化反应平滑，过度缓慢，群体比较稳定，但是在外部激烈的持续的变化中可能会导致群体矛盾越来越大。

增长率的上限是 100%，5% 的增长率的群体增长倍数就是 e1/20 次方。72 法则（以 1% 的复利计算 72 年翻倍）可以度量群体翻倍时间。

如果你在 n 个路口，每个路口都有一次选择的机会，选择完就不需要继续走了。每个路口选择的效果是提前不知道的，走过去才知道，问在哪个路口选择的效果最好？答案是选取一个数 m，使 m=n/e，跳过前面 m 个路口，从第 m+1 个路口开始，只要发现比前面都大的效果就选择，最后得到的效果期望值是最大的，自然底数又一次出现。类似还有如果你要选女朋友，30 个备选，只能选择了就走，没办法逐个看完。你就得滤掉前面的 30/e 个。

π 是圆周率，这是自然界定死的，可是欧拉公式 $e^{i\pi}+1=0$ 又是什么鬼？这就是自然规律，无论是人，还是任何事物都无法逃脱，自然界是在公式的约束下组成的世界。我们的感性思考也必定是符合自然规律的，只是目前人类还没有找到公式。就像气候，使用足够的变量和公式一定可以精准预测气候的变化，但是我们没有这么多数据，甚至公式都没找到，但是我们不能因此迷信地认为下雨是老天爷在打喷嚏。

我们熟悉的素数，如果这么用，人类就会获益：

齿轮设计为素数圈才不会出现两个齿轮磨损太重。

哈希乘法是素数的时候才能得到相对随机的伪随机数。

质数次数地使用杀虫剂是最合理的：都是使用在害虫繁殖的高潮期，而且害虫很难产生抗药性。

以质数形式无规律变化的导弹和鱼雷可以使敌人不易拦截。

多数生物的生命周期也是质数（单位为年），这样可以最大限度地减少碰见天敌的机会。

此外哥德巴赫偶数二分解之后除了 2，所有的分解做个统计的话，每个数出现的次数是一样的。你可以观察素数的倒数，它们小数部分的循环位数很高概率是该素数减一，而它们的乘积的倒数的循环位数，也一定是它们各自倒数的循环位数的最小公倍数。而素数就像一个真理海洋，有很多神奇的特点，但是人们却仍未能发现其真正的真理。张益唐证明的素数的性质也只是精确到 7000 万，即便如此，人们也已经欢呼雀跃地认可他的伟大。

我们不能解释的事情一定有道理，存在就是合理，只是我们没有找到道理到底是什么，即使随机都是道理，往往最后的道理会像相对论公式那样简单。也会有一个阿佛伽德罗常数一样的神奇数字在起作用。这些常数，就是这个世界的参数。一个数学系统，一定是由参数和公式组成的。世界也是一样。这种级别的铁律，我们只能顺从才能达到对我们最好，古人常说的天道，顺之者昌，逆之者亡就是这个道理。除非有一天我们建立了整个系统，进而可以心知肚明地改造整个系统，但是公式和常数也是不能变化的。

复杂网络与幂率分布

从理性科学诞生以来，大家就用图论来研究网络，网络在理性科学诞生之前就已经存在。接近 21 世纪，人们才发现世纪的网络与理论的网络有很大的区别，于是诞生了一门新的学科：复杂网络。好吧，这群人是用数学来研究，但我看来看去这与社会学的其他规律没什么不同。

讨论人与人之间的关系。整个社会，人与人之间的交际范围是差别极大的，并不符合平均关系。某些人掌握的人脉资源远远大于一般人，并不是概率性的差一点儿，而是量级的差别。社会人掌握的财富也是，人们购买的商品也是，这也就是广告有效的根本原因。互联网圈大家也能看到，从没有到诞生几个巨头，再到巨头合并，不过是几年，其他人根本没有可能插足。我们的百度搜索引擎，如果你是一个小网站，即使完全命中你的关键字，你也在百度里找不到你的网站。而 Csdn（IT 社区和服务平台）、知乎等大型网站，几乎每一篇文章都能轻松地搜索到。互联网的路由器节点，大部分都是接了几个终端设备，但是核心路由器却是接了不同数量级的节点。

这就是现实的复杂网络。用数学的话说是复杂网络拥有小世界性（节点之间的平均距离比规则网络小得多，比随机网络大得多的平均集群系数，就是喜欢聚在一团），无标度性（节点的邻边数是一个幂函数，而随机网是正态分布）。大白话讲，也就是说，现实的网络相邻节点之间相互作用的能力极其不均匀。

而现实中的这种复杂网络是真实的网络，其有物理基础，可以从底层的物理推导出来这个结果。也就是说，社会财富分配不均匀，强者通吃，女人大部分都在从丑冲击美，所有人都在减肥美白，但是有少数人就是天生又白又美。全世界的人口分布，有的挤死，有的空得吓人。这些都是复杂网络的特点，这种严重不平等的分布就叫作幂率分布，而这种分布是物理的，是必然的，是客观规律。

所以，不平等在社会中永远存在。即使发达如北欧，国王和平民平起平坐，学音乐不为找工作，不工作也有足够的收入。社会中依然有国王、abba、格里格、诺贝尔，人与人之间依旧符合幂率分布。日本7-11售货员的老太太收入和程序员的收入差不多，但是却都没有海贼王路飞更多的集中视线。有的马路依旧会堵车，有的依旧没有车。市中心永远聚集了城市的大部分人口。

改造世界必须要先认识世界，而认识世界必须要先描述世界。复杂网络和物理学紧密关联，但是社会学中，粒子数急剧减少，复杂网络虽然存在，但是已经不是不可动摇的物理现象，但是，到目前为止：

你，要么在天上，要么在地下，中间只有楼梯。

命理学

人的命运是否可以预测？

一个拥有丰富社会经验的人，可以比较容易地看出同一个社会的一个年轻人的未来，大体是准确的，甚至见面3句话就能下结论。

这就是古代推命的基本原理。古代的推命，又是神刹、刑冲、纳音、格局等，都是建立了一个周期规律，配合以固定的天干地支、五行变化，赋予周期内部不同阶段不同的社会意义，例如主富贵、主官运。这些你不能说他就是胡说的，但是他创造的这些名词理论，却都是无中生有，用来解释社会现象的。从徐子平到李虚中，都在不断地完善改变这套理论。这套理论成立的条件是古代社会生产力几乎固定，社会结构非常稳定。大部分的男子与女子结婚的年龄、生孩子的价值观、成年礼的年龄、寿命等人生的主要节点都是非常稳定和统一的，甚至社会上，由于科举九品中正等官僚体系一直不变化，商业也一直处于压制状态。整个社会从个体到集体呈现了极强的规律性，甚至王朝都是两三百年一换。这是整个社会文化和制度的内生规律，而又一直没有根本的变化。

所以如果一个老者可以活300岁，经历几代人，他就可以完整地建模整个系统的运行规律，看人甚至看王朝就是一眼就知道他的兴衰，颇有看你高楼起的情怀。这套推命理论就是这个老人。当然社会上很多人学不好出来混饭吃骗人，而且是大多数，所以导致大家对这个一棍子打死，就像中医一样。无论是中医还是推命理论，都有极深刻的社会学原理。

如果说现代社会的快速迭代让命理学失去了存在的理论基础，那么中医却仍旧是不变有效的，人并没有多长一个器官，少一个胳膊。中国的传统文化更多的是社会科学，追随社会的变化而变化，典型的就是命理学。现在仍然用四柱推命固定的理论，是不科学的。但是如果用五柱或者其他的变种，则就不一定不准确了。推命是对社会的建模过程，你用古代的社会模型是肯定不对的。现代的社会变化太快，一个人建模的社会理论也不一定能用很久。但是逐渐地，现代激烈变化的社会，变化本身也是可以一定程度建模的。所以古

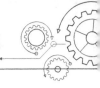

代的推命体系仍旧有发展的空间，但是需要身处现代激烈变化中的人对社会变化进行深刻的建模。

命运，从来都是存在。存在的原因是社会从来都存在，而社会是基本稳定的。美国人在可预见的未来是万万不能限制言论自由的，而一个中国人在可预见的未来是不可能喜欢到处乱晒的。所以微博、朋友圈这种东西，在中国文化圈里，只能兴盛一阵子，过一阵子大家都是看别人发，自己掌握整个世界一样掌握别人的信息但是却不再肯泄露自己的，久之，整个社会网络就变成广告网络了。但是美国社会就可以稳定地大家都晒，大家都看。一个社会的性格的各个方面是相对稳定的，社会中的个体的发展就是稳定可预测的。一个刚毕业的农村的男孩子，就可以预见，他几年内都不会经济上像城里的孩子那样关照自己的老婆，因为他有太多的家族负担和从小家庭交给他的过分的节约。这种节约精神，在当前的社会就一定会演化为抠门，这就是社会上"凤凰男"这个现象产生的背景。一个从小没有花过太多钱的有些姿色的女孩子，已进入社会几乎无可争议地化妆品"败家"，因为社会会教给她漂亮才是最大的资本，跟她从小学到的最重要的完全格格不入。价值观的激烈变化，就会导致一些固定的社会行为。当然现在的孩子普遍早熟，已经不会有如此巨大的变化了，但在某个社会时期确实有这种社会规律。

这一切的社会规律都是时间和社会局限的，也都是可以用来衡量同处这个社会这个年龄段的人的命的，这就是现代的推命。

性命包括：性格，生命，禄命。三者都是可以稳定推导的。

近代演化的心系学，强调八字确实可以用来算命，但是只能用来算与心态有关的命，也就是说这个理论认为初禀之气会影响性格。这个就是抽取了古今皆对、稳定不变的一点出来建模。出生时候的自然条件确实会深刻地影响这个孩子的性格，但是也绝对没有现有的命理学描述的那么简单。各地气候、自然条件不一样，沿海和黄土对人的生理影响也绝对不一样，不是单靠时间就可以确定的。甚至同一个地方，开着空调和不开空调对胎儿的影响都很大，怀孕期间的某些事件对孩子的性格也可能有巨大的影响。

有的孩子天生胆小、有的天生有音乐天赋、有的天生讨厌海鲜，这些都是怀胎的时候成长的过程受父母、气候、事件、时间等综合影响的结果。这里绝对可以建模，但是变量太多，目前没有人能准确地建模，心系学是其中一个方面。

但是古代的理论又不是完全没用，5、12、60 等特殊的周期数字，一定是代表了自然的普遍规律。我们处在地球，人体就是自然的一部分，地球周边的月球运动、磁场、金星火星、太阳等天体运行周期，就一定会影响地球上自然的运行周期，所以我们人体的运行周期以及构成的社会的周期，也就一定与这种自然周期有关，这也是古代的天人合一的思想。这几个数相当于自然界的自然底数和圆周率，在社会学中拥有超越数的地位。

更为关键的，人体器官一直是五个主要的不变，所以传统的五行在今天依然有很大用途。如果你把五行相生相克相乘相除建模为一个偏微分方程，你会发现这是一个神奇的稳态系统，其五个主体的变化确实与中医所说所治一致。数学

的形式反过来可以指导中医的定量，但是由于人体无法进行那么多的定量实验，偏微分方程里面涉及的 10 个系数是很难精确求解的，而且这些系数也应当是因人而异，但是保持在固定的范围。

这，也是命。系数的确定就是寿命的计算过程（不算自然灾害和后天作死）。我们现在可以知道的，脸方的，消化系统一般好，消化系统好的，一般长命。鼻梁高的，呼吸系统一般不会出什么问题，呼吸系统好的，一般也长命。两个主要的吸收器官机能好，机体稳定运行的时间自然长。中医里也有一堆解释，但确实没那么深奥。这就是算命的过程，这种外部表现的维度多了，就可以比较精准地预测寿命了（你要是忽然去煤矿干活把鼻子整坏了那种就不算了）。

微观世界，随机与社会

质子、中子、电子都是什么我就不用介绍了，原子核的结构大家也都清楚。它们的量子性，也就是一个电子可以同时出现在多个位置（取决于你怎么去观测），量子理论成功地在化学领域计算出所有的化学基础。结果你会发现学化学学到最后，学的是物理。

原子弹、中子弹、核电站等也都是工作在这个层次上的科技。原子时代，是指人类能够利用原子的时代，然而这还不是尽头。

引力、电场、磁场等我们经常见到的力，都有宏观上的物理解释，但是内在的解释却是统一的（虽然现在还不能完全证明）。所有的粒子本来都是没有重量的，也就是组成这个世界的质量是什么？现在的研究认为质量大部分由强相互作用提供，小部分由夸克提供。虽然有很多解释，物理中也认为作用力有四种，但是我愿意相信它们其实都是一种，爱因斯坦的统一场也有同样的看法。解开这个，对时间的认知就会上一个新台阶。

世界是由随机组成的。随机性有多么好，世界就有多么稳定。最底层是完全随机，但是越向上组合，随机性越少。最后产生的最智慧动物：人，只能用确定性来思考。这是人类思考能力的一大特点：逻辑。也就是确定的理由和确定的结果。然而，我们也必须承认，另外的思考方式是存在的，那就是随机性思考，因为那才是组成我们的本源。甚至我们的确定性思考也是建立在神经网络的一定程度的随机基础上的。现在计算机的神经网络也没有人能想明白它的各个参数的意义，但是它就是能够工作。大数据和人工智能，是人类借助计算机来进行随机性思考的武器，人类已经开始涉足随机思考。随机思考的显著特点就是人类逻辑思维说不出道理，但是就会那样。逻辑思维看来是随机的确定性结果，而随机思维看来则是必然的。（有点像逻辑思维的统计学）

即使是电子不同时在一个地方，我们仍然能够给出概率。这就是逻辑思维去理解随机思维的唯一可行方式：概率。对于随机来说，何时出现在哪儿，都是确定。这个确定的意义是在随机的确定基础之上的。好吧，绕了。这是我的看法，我举几个我工作中用到的例子。

我要产生一个随机数，一种方法用物理的不确定性。例如 intel 的 random 指令，还可以用人的不确定性，例如 linux

的 random 设备，还可以用线性伪随机数产生器，例如 gcc 的，当然还可以组合使用各种随机函数。没有真随机，都是随机程度不同而已。如果要真随机，那得用量子设备，因为只有微观粒子才是真随机。但是我们人类就这么点儿能耐了吗？不是的。我获得过真随机，使用量子和量子级别的时间。linux 本身也有从磁盘访问时间的物理不确定性上获得真随机。获得真随机的方法无一不是通过非常小的时间，因为非常小的时间才对应非常小的物理不确定性，才更接近量子。

　　光传播速度是固定的，但是高速硬件的量子性是存在的（不确定性），我一个数据包从 a 节点到 b 节点的时间在毫秒精度上是相对确定的，但是在埃秒级别上就是完全随机的。所以，你有多少精度的时钟，就有多少精度的随机。始终是物理的，单个时钟有一定的微观确定性的，但是两个时钟在微观上的微小确定性共同组合就完全没有确定性了。因为万分之一乘以万分之一的结果是很小的。

　　微观与宏观一直有两座桥。一座桥是随机，宏观上看就是统计，例如神奇的幂率分布、莫名其妙的泊松分布。另外一座桥就是时间。虽然说数学上集合有不等式的无限集合，但是对于人的时间来说，都是有限的，时间本身却是无限的。所以我们数不完整数集合，但是不代表就是不能数完。时间可以。如果一秒钟作为一个整数，时间就是能够数完整数，整数有多少时间就数多少。

　　看起来是空口白话，没什么用。但是我用这几个思想解决过很多工程问题。比如在时间域上可以用来存储信息，而不是把信息存储在内存中。因为数据流是伴随着时间流一起到来的，只要数据流和时间流有关系，时间流就可以承担一部分数据流的信息量。

随机性上，任何不均匀的随机都是携带熵的，这个熵可以用来压缩、识别、索引等。任何的逻辑过程都是伪随机的，万千的人类世界的过程，都是伪随机的，例如社会模型。因为样本数量实在太小（几十亿的数量在粒子领域连个米粒都不如），所以所有的人类生活过程都是伪随机、都有规律，都可以预测、都可以利用、都可以改变。

随机最强大的能力要释放出来，还需要数量级的，蚁群算法就是尝试几乎所有的可能性，总能得到最优，而每个过程都需要时间，时间是我们人类目前为止完全无可奈何的存在，并且自然界也是如此。所以自然界选择了数量，用数量上的并行性来取代对时间的无可奈何。信息技术的发展，到现在，前沿的算法也都出现了质的瓶颈，人们也逐渐开始采用分布式、大规模并行等方法进行问题的求解。就连 RSA 非对称加密基于的都是大素数分解问题，而这个问题就是基于在已有的技术和运算能力前提下，你不可能在有限的时间破解。除非你数量级地提高你的运算能力，也就是质量，或者是你的并行性。而短时间看来这都是不现实的。

大量微观随机形成宏观的现象，是我理解的人类社会最深层次的原理。

第三章　生产力和生产关系

第一节　生产力

生产力的发展

生产力本来就是人造的概念，这里对这个概念做一下理解。这个概念特指生产劳动过程中人类改造自然的能力。生产重要，劳动也一样重要。

人类的每一个阶段的进步，包括文明对其他文明的征服，几乎都伴随着生产力的不平等。从历史上看，历史又是一个生产力逐渐在人群中磨平的过程。忽然出现一个强大的文明，它之所以能够强大和发展，文化是一方面，但是它的生产力也绝对是不可或缺的。没有相比周围强大的生产能力，不足以支撑文化长久地与周边对峙。

每一次生产力的发展，都会带来生产关系的巨大变化。

理性人

这是人人皆知的。只是现在比以前的更加激烈。现代的人们已经慢慢地可以应对生产力的变化，主要原因是从政府到全球化的信息化，使得大家都在快速地掌握信息以磨平自己与其他人的差距，使得巨大的生产力差距不至于发生。还有一个很重要的原因是武器的高度发达，被一批一批淘汰的人没有办法用武力进行反抗，但是又没有了社会能力，沦为了永久被自己的孩子阶级压迫的阶级也实在让自己拿不起武器了。

虽然美国的高科技代表了巨大的生产力优势，但是原子弹的存在制衡了这种生产力优势的暴力迭代生产关系。但是文化上，人们仍旧向往拥有先进生产力的地方的文化，这是爱屋及乌了。

生产力或者这里称为生产效率，只要提高，就会淘汰一部分社会人，给相对更小的一部分社会人带来新的机会，但是生产力的发展也会创造全新的机会，也正是生产力的发展可以让社会快速迭代，以前的优势群体可能几年内就会崩塌。这正是现代的生产力快速迭代，导致快速的一部分没了工作，又快速诞生了一大批新贵族。这种快速迭代，由于新的生产力来临的时候，大家的门槛类似，所以敢拼、没有太多束缚的年轻人反而容易取得优势。现代的中国乃至世界，30岁的年轻人可能比传统行业40岁的管理层创造的价值都多。只要这股生产力快速迭代的现象不停止，年轻人就会越来越占据世界的中心。淘汰，成了年过35岁的人必须要考虑的事情。工作3年，在很多领域都是老员工了。

这种现象不知道能够持续多久，但是这导致了文化上的深刻变化。

中年人整体丧失了生气。他们掌握了最多的人生经验，拥有最持重的品格，关爱家庭，拥护传统文化。但是他们发现，他们不会用电脑，不会连 Wi-Fi，也没有用过制氧机，更不用说家庭机器人，虽然每个人都买了智能手机，但是还是只能用来打电话。中年人如今的整体在社会上失势，大街小巷的服务员是他们，但是办公室里拿着高薪的白领年轻人却更多并且越来越多。

　　如此，中年人丧失了对年轻人整体的权威，即使在儒家的尊老的严格教条下，年轻人也逐渐大批量地认为上一辈是老古董，在与上一辈相处的时候，就完全切换一个人格。完全是为了让父母不那么难受。而他们，夫妻关系开始 AA 制，越来越少的人可以体会父辈夫妻相濡以沫的感情，两个人在一起各怀鬼胎、同床异梦已经成了现代夫妻的普遍现象。有的为了钱、有的就为了生个孩子、有的为了找个漂亮的养眼（等到不漂亮了呢），大部分人就是被年龄和社会逼得不得不凑合着找一个。两性关系上吃着碗里瞧着锅里的，几乎已经被整个 90 后群体谅解，认为这是正常的。就连母子关系也开始冷漠，有的已经开始 AA 制，各算各的，吃了母亲一顿还要还，老妈向孩子借钱还要打欠条，就更遑论社会关系了。人与人之间的冷漠，中国南方已经逐渐形成，美国欧洲已经形成，北欧这个发达程度最高的地方是最严重的。和一个北欧人交朋友要 10 年，这就是社会要的发达。在欧洲工业革命以前，家庭也是稳定牢固的纽带。工业革命开始后，家庭发生了翻天覆地的变化，直到今天的这个样子。现在去问问他们，他们也不愿意变成这样。

理 性 人

如果这件事发生在一个文化纽带不大的地方，例如20世纪90年代的美国，年轻人吸毒都已经成了公开的潮流，西方的性解放运动几乎是要不知道怎么活才好的作死。社会文化会迎来巨大的波动，走了弯路才会回来。中国由于儒家纽带太强大，没有出现大规模的出格现象，但是，一代一代的逐渐出格，传统文化在00后之后几乎可以说是荡然无存。年轻人来不及学习该怎么做人他们就成功了，然后去教别人怎么做人。

上一代是不会理解为什么自己的儿子拿着一个月2万的工资还要辞职创业，最后还失败了的冲动。太渴望成功，社会唯一以财富定义成功，女孩子的拜金，丈母娘经济，这些如今的现象产生的根本原因几乎全部是生产力的快速迭代。

这个给经济带来了巨大的短期利益，但是长期看，人们失去的远远比获得多。我们获得了财富，失去了自己。或者有人可以说是得到了更好的自己，但是毕竟那已经不是我们了。我是一个科技人员，我赞同生产力的快速迭代，我也知道社会的冷漠和浮夸是一种可以理解的正常现象。但是不是所有可以理解的事情都可以原谅。日本就在快速迭代的同时保住了自己。但是，他们失去的是整个社会的活力。最好是兼得的方略，但是少有人有这个头脑做顶层设计。

像传统的中国那样，儒家一线而下，即使中间伊斯兰再怎么强大、胡人再怎么多，二胡、琵琶等胡乐再怎么流行，古琴古筝仍然是每个中国人都认可的最代表自己是一个中国人的音乐。水墨是永远攻不破的艺术堡垒。但是艺术毕竟与生产力关系比较小，到了现在，艺术也在逐渐地电脑化，生产力已经在快速侵蚀这个最后的自我认知的领域。笔我们已经基本不用了，毛笔也少有人会拿了。我们这一代的很多人再教育下一代的时候，会认为钢琴有用，而笔墨无用，功利地放弃了文化。这在广东已经是很普遍的趋势了，但是在山东，社会上仍旧是学习笔墨、学习围棋。希望在现代经济思想侵蚀到儒家的基地之前，大家学会如何融合它们，而不是被它们改变。慢一点儿，文化才能传承。

从好的方面说，以后地球是一样的，一家人。从不好的方面说，我们整体向生产力屈服了，就像历史上所有的王朝那样。

生产力的未来：科学宗教

人们对不了解的事物总是会迷信和崇拜。

有的大魔头在利用一群人，但是这一群人搞不懂他，这群人可能以为他真是上帝的使者，啥都听他的。

宗教与科技是世界的两面。科技是用唯物的思想解释世界的，而宗教是唯心的。没有人知道唯心是不是对的，宗教之所以继续存在是因为没有人能够用唯物的思想证伪。

但是唯物的科技思想，只要证明了一个事物，宗教就得离开这个事物。因为唯物的证明是逻辑的，是无可反驳的，而唯心的理论依据不存在。

从这个角度看，科技也提出了很多假说，没有证明，但是用这个假说可以解释很多事情。这与宗教的运行原理一样，但是有巨大不同的是，科技承认这是假说，并且欢迎任何，怀疑和证伪，宗教会强制地告诉你这就是真理。

所以科技与宗教在真正的真理上是一样的。例如太阳从东边升起。

你会发现宗教总是不规定一些容易被科技短期证明的事情。例如，地球是方的。以前宗教这么规定，后来被羞辱得很难看，但是现在宗教经典中是万万不会写的。

凡是宗教规则都是人应该怎样，不怎么样就会怎样，通常用死后来说事。所以，宗教的范围一般限于三个：很久很久以前，久到历史无法考证；人死后和很久很久以后，久到没有确切的日期，你无法验证；当前的行为准则。即使是当前的行为准则也是以死后或者上帝来惩罚，而不是单纯的社会科学。而儒家是完全的行为准则的社会科学，不带有宗教色彩，其规则都是可以从社会学的角度证明证伪的，而不是你不尊重师长就要去地狱。

总的趋势就是科技进，宗教退。

但是事实上，宗教真的在退吗？科技本身正在成为一种宗教。只是没有神，但是他在像神话一样地解释这个世界。只是传统宗教用的语言是神的语言，是拟人的，而科技宗教用的是符号规律推论，是客观世界的。

那么如果客观世界是神呢？寿命天定，但是寿命也可以用科学来解释。造物神作，造物也可以用科学来推演。心灵感应，遇见未来等超现实现象，科技也总能提出可以解释的理论。科学是神的工具，此神不是人，是客观规律，是道家里说的道。所有的科学成果揭示的客观规律，例如相对论、普朗克常数、数论、夸克、牛顿定律等都是神的外在表现。甚至我们这个人本身，也是神的一部分，因为组成人体的所有物质都属于这个世界，都属于道。我们每个人、每个石头、每个动物都是神的一部分。神是一个整体，不能割裂来看。所以神无处不在，神开天辟地，神创造人，神规定准则，神定义社会。

怎么说人文现象都是对的，因为那都是神的旨意、神的演化方法。所以，正确地在社会中相处的方法，不是《圣经》中教的，也不是《古兰经》中教的，而是被证明合适的。神早已经把所有的准则规律都给出了。需要的是我们去寻找、发现，而不是去定义。神绝对不会定义一种行为准则，这样做就是不对的。在当前的社会阶段，这么做就是对的、那么做就是错的，这就是神的旨意。

社会本身具有塑性，社会可以自己定义一个行为准则，然后在社会中强制推行，以至于让整个社会都认为这就是对的。这也是神的意图，神的大数据社会模型预留了这种偶然事件，一旦发生，则会成为必然事件。例如，儒家的世界都觉得尊老爱幼是准则，但是西方的世界就不是规则性的规定。社会完全可能进化为女权主义，因为女人掌握生育。假设一个封闭的环境，男性出生率非常高，即使男性拥有暴力，但是很可能博弈的过程形成女性为王的社会。

伊斯兰教的教义能够通行，因为它是一种强制推行的行为准则。神规定了社会中如果一个准则占据了大部分人，那么这个社会就会稳定地延续这个准则。所以，即使伊斯兰不是如此规定，而是规定了每天要躺着做一次礼拜，只要在它出现的时候成功了，它就能永远成功。问题就出现在了它出现的时机正好是弥补了社会准则的定义缺失。

理 性 人

　　每个社会都需要定义社会准则，中国社会由于智力发展很早，并且几乎是各个区域同时交互的发生，所以必须以理服人，所以宗教是没有市场的。必须要讲道理，所以中国没有出现基督教，而是儒家、法家。是因为如何，你当如何地理性说服人的规则。而中东世界的犹太教、拜火教、基督教、伊斯兰教在出现的时候都不具备理性讨论的环境，这与他们人口分布稀疏、互相沟通少、文化发展不平衡关系很大。

　　这些都是客观的社会规律，都是神的旨意，神不规定该如何做，神规定在什么样的情况下怎么做是适合的。

　　这个神可以用科学的方法去了解，这个神就是客观，就是道。神不规定某一种是对的，而规定在什么情况下什么才是对的。

　　科技宗教就是未来宗教。人们用科学解释一切，预测一切，驱动一切。

　　不知不觉中，已经有越来越多的信徒了。人们为情怀做事，科技大佬投资科技领域，有时候不一定为了当前利润，都是为了未来。magic leap、量子计算，大家都知道是未来，大家也都知道他们当前不赚钱，即使 10 年之后继续不赚钱，科技大佬还是义无反顾地进来投资，像 Spacex（太空探索技术公司）的赚钱规划更是遥遥无期，人们对赚钱的紧迫性需求越来越少，明知道不赚钱还有人给钱的事业也不少，Kickstart（一个专为具有创意方案的企业筹资的众筹网站平台）上的快速融资能力也让人惊叹。很多开源的软件，很可能是作者或者是资助者希望出现这样的东西，就去为它付出了劳动，进行了生产，并且分享，这种生产是完全在马克思主义的商品生产范畴之外的。这种对社会的驱动力，与其他宗教并无不同。

社会在越来越无情化，无情的原因也是科学科技的发展让人们开始用逻辑思维来思考问题的本质。逻辑上你对一个人有情，如何确保对方对你有义？无法，那么我为何要对人有情？整个传统道德，也就是非理性逻辑的道德准则在逻辑发展的今天逐渐被渗透，直至完全崩塌。

不必感叹世态炎凉，这是整个社会的进步。逻辑上对的，必定是效率最大的，整个社会的效率越大，社会创造的量就会越大。社会必将无情化，因为那个不符合科学的思想，不符合科学宗教的行为准则，这也是科学宗教传播初期的表现。

当形成宗教的时候，必有一个组织。这个组织，例如一个黑客自由军队，他们会按照概率决策，按照全体人类的利益决策，甚至为了保全生物圈牺牲整个人类也是可以的，只要能够逻辑证明（逻辑不一定对）。他们愿意损害部分人的利益换取集体的利益。

这个宗教是可怕的，但是是无法避免的。而且可以预见，不可能存在唯一的科技宗教，因为很多逻辑也并不是完全精确的。世界继续这么发展，主要矛盾就会变为如何逻辑地解释这个世界的矛盾，最终形成几大理性科学宗教。现在的各种学派已经具备初步形状。

可能攻破一个问题就会导致一个科学宗教的破产，但是直到最后一天问题总是存在。不能解释就有多种解释。例如量子学本身也只是一种解释，虽然能解释通，谁知道还有没有其他的也可以解释通的解释。像证明一个理论，在实数域可以证明，但是在复数域也可以证明。

对立的科技宗教时期，将是人类科学发展的又一个大高潮。学派里面有一个科学社会学，专门研究科学和其他社会系统之间的相互作用。在实用化的今天往往演变成了研究怎么改变社会能让科学更好地发展，并没有一门学科真正地重视科学如何会最后统治这个社会，甚至让这个社会的根本都不存在，还让这个社会不觉得痛苦。

第二节　生产关系

资产阶级与工人阶级，货币与劳动，新的阶级。

仿佛，在工厂盛行的时代，由于大部分工人都是工厂的劳动者，最重要的问题就是这些从事体力劳动的工人阶级和老板，资本运作的资本阶级之间的问题，本质上也就是货币与劳动之间的问题。

所以，价值被定义为劳动，使用价值被定义为交换。货币由价值决定，也就是由社会的平均劳动决定。这确实是本质的看法。不得不承认，这在当时的情况下是真理性的见解。那个时代的条件就是如此，工人虽然私有财产也受到保护，没有几个工人会认为自己是资产阶级。

像牛顿的定律在当时的需求范围内是完全正确的，只是到了相对论的时代，大家才发现其不是完全正确的。这也并不能否认牛顿定理的价值，我们仍旧在学习、在使用，因为它仍旧能解决我们遇到的问题。马克思的价值理论也是如此，我们发现其中的不完备，并继续在它有效的地方使用它。但是如果要在其无效的地方使用它是万万不对的，最难的是发现其会在哪里无效。马克思学派也认识到在独占关系，也就是垄断情况下无效，如果垄断称为自然法则和社会常态呢？《资本论》就要，而且必须要束之高阁。我们必须在其前提环境成立的情况下才用其理论解决问题，而不应该盲目。

现在和未来相当长时间的情况是什么样的呢（在已发达国家，还有很多国家仍旧处于《资本论》适用的时代）？每个工人都是资产阶级的一员，人们工作，人们拥有房产、股票，人们投资，人们还有自己的店铺，工人也是老板。以前的工人离不开生产资料，他们买不起生产资料，所以只能由资本家剥削其剩余价值，但是现在的工人本身就是生产资料，因为最贵的生产资料变成了头脑，而不是织布机。工人本身即是出卖自己的劳动，资本家也是出卖自己的资本。工人与资本家的合作关系有效地导致了阶级问题的淡化，货币与劳动也由货币购买劳动变为了货币与劳动合作。

资本主义发展至今（如果还称其为资本主义的话），主要的社会矛盾是贫富差距的矛盾，而不关工人什么事。由于工人与老板的区别在变小，矛盾的双方没有明确的身份，导致其规律的原因不是由物质生产资料决定，也不是由货币持有量决定，越来越明显地变为了由知识量、智力水平和勤奋水平决定。

从这个意义上，社会是可以做到相对公平的，因为公平不是由现象决定的，而是由社会的每个人的起点决定的。只要国家把一样的教育推广到所有人、一样的教育体系作用于所有人，社会就是公平的。落在后面的人也会发现不是社会不公平，而是自己没有努力学习。根除阶级的方法就在于教育和用人体系。社会正在变成唯才是举，这一点毋庸多言。

所以，我们现在的社会又是很危险的。随着贫富差距的形成，不同的人开始享受到不同的教育。买得起 5 万一平方米的学区房，就可以顺利地进入最顶尖的小学，交了择校费，就可以更自由选择受到的教育，有了重点学校、重点班，就有了教育资源的分化。这在经济学看来是合理的，但是经济理论用来解释教育领域，带来的可能不只是效率的变化，还有社会性质。全球化的社会又不能禁止货币的自由流动，因为他可以选择出国，所以似乎产生这个新的分化是必然的，但是这也是执政者所没有深刻注意到的。

教育的分化让有知识的人更有知识，因为知识来源于教育。有的教育者就是能更好地教育孩子，笨孩子很少，大部分的孩子经过适合他的教育都是可以成才的。在脑力社会，贫富差距的唯一原因就是没有受到适合他的教育。他的性格、认知、知识、价值观、品格、勤奋等，这些都是可以由教育施加最重大的影响的。当教育可以选择的时候，未来就可以选择，阶级就可以选择，贫富分化就会越来越严重。

资产继承以前被认为是一个人进入贫富两个阶级的最大原因之一，但是在脑力时代，起决定作用的越来越小。给一个没有受过教育的农民一千万，他几乎不可能十年后还是富裕的。但是倘若这笔钱给了一个大学教授，他的这笔钱将可能是他事业腾飞的关键。教育不充分的人，拥有了资产，脑力社会越发达，就会有越高的概率成为他的负担。别人在继续努力学习提高自己价值的时候，他可能就在挥霍，或者即使有心投资，但是失败的概率也很高。如果能保住继承的资产，也一定是因为脑力上的教育培训和进步。

脑力社会是社会发展的趋势，这次的变革也是由生产力决定的，计算机互联网通信技术等高科技的出现，让越来越多，乃至全民都逐渐地开始从事脑力劳动，基于体力劳动确立的一系列社会关系理论被忽然摒弃无用。全人类正处于一个迷失的阶段，少有人意识到生产关系发生如此巨大的变化，人们还在用以前的理论在指导，尤其是各个国家的统治阶级，就更不用说研究未来的指导理论了。

有意思的是，国际社会是个博弈过程，参与博弈的实体少。所以真理不一定是最重要的，胜利才是最重要的。相对优势也一样可以推动社会前进，即使你把其他对手和自己都打回原始社会，但是只要你掌握了铁器，你也是进步，因为前进的本质是比别人强。

资本是共产主义的充分必要条件

商品社会发展的过程就是保持且提高商品使用价值的同时降低其价值。

开源软件不是以交换为目的的，所以不是商品，没有交换价值，但是有使用价值。没有交换价值，只有使用价值的物品，无论是虚拟的还是实在的，都是社会服务，服务于社会内部。如果美国限定开源代码只在美国可获得，开源就会变成商品，有了交换价值。随处可以免费获得的卫生纸也在逐渐变为社会服务，共产主义的发展过程就是越来越多的商品社会服务化的过程，就是价值降低到无穷小，使用价值不变或提高的过程。所以共产主义是科技的、是唯物的、是追求最大商品效率的、是资本主义的自然发展，而并不可以跳过资本主义。像之前的跳跃式发展，前提必须是帝国主义能够坚强地支撑到商品最大效率的时代，也就是物质条件满足了。

当越来越多的商品可以自由获得而不需要付出代价的时候，私有制自然地失去了意义，货币也自然地失去了意义。

金属成为货币的必然性是因为贵金属本身的商品属性。并且可分割，不可变质。所以只要贵金属依旧有最广泛的商品价值，它就有货币能力。但是如果资源充足了，每个人都能获得想要的东西，资本的地位就会迅速下降。就像很多北欧国家，孩子们上学考虑更多的是哪样的人生更有意义，而不是什么样的专业更赚钱。资本的地位随着资本的增加而减少，虽然会有分配问题，但是分配是形式，增加是本质，形式可以延迟但是无论如何不能阻止本质的属性发挥的。

集体私有制和中国的公有制

我们从小就知道中国是公有制国家，但是我们也会逐渐发现公有制下的土地和国企收入必须要特定的人群才能获得，虽然国家规定这个是集体所有的，但是个体并没有从集体的收益中获得直接收入。

间接收入一定是有的，国家卖地国家收入多了，基础建设、国防建设和教育投资也都均摊到个体身上了。但是教育也开始逐渐地不公平，基础建设也不可能做到公平。井冈山为中国的建立付出了很多，井冈山人民获得的远不如敌占区的沿海地带。

这里面的本质就是现行的公有制不是真正的公有制，而是一定程度上的集体私有制，也就是中国特色的社会主义，但是我们的立国方针是对的，那是长期规划和梦想，但是在执行的过程中，集体私有制对人民和执政者拥有巨大效益诱惑，并且社会上对集体私有制没有明确的定义，而也将目前的状况定义为公有制。

不是集体所有的就是公有制，而是集体公平分享收益，并且集体决定财产处理方法的才是公有制。集体管理者利用公有财产即使是为集体赚取利润而不公平分配也不是公有制的做法。公有本身是一种所有，当个人所有财产的时候个人完全地决定如何处理财产，完全地享受收益，公有也是一样。

如果每个人都从集体的角度出发，每个人都能认可牺牲一部分人的利益来带来整体的发展的思路是对的。这个问题换一个问法就变成了，一群人如果牺牲几个人对集体来说是最优的，谁愿意牺牲？社会的发展过程是一个理性化的过程，但不是一个每个人都变得伟大的过程。社会永远改变不了的一点是社会是由单个的个体组成的，不可能要求集体中大量个体自愿牺牲自己成全集体和集体中的他人。社会主义就是强制这么做的社会学工具，这套制度能够强制牺牲一部分人的利益，来达到集体的最优（是决策者认为的最优）。而共产主义则不一样，它是全体人员一起决定什么是最优的。所以现阶段中国是社会主义，是集体私有的土地制度。而欧洲是个体私有的土地制度，但是是集体公有的国家制度。我们也看到了欧洲的不足，过度的民主在资源不充沛的情况下是不合时宜的，所以我们选择的社会主义也表现出了明显的生命力。虽然给一部分人带来了巨大的痛苦，但是对集体来说是最优的。如果有更优的方法，高层也欢迎提出来一起让这个国家进步。

集体需要决策者，就像公司需要决策者一样。公司是比较恰当地按照股份划分的公有制（只是所有权力不用平均），所有者也需要决策领导者（CEO）来运营公司，但并不是说领导者可以把公司的公有财产用来为所有者中的少数甚至非所有者谋利。

中国的政治制度设计是从农民从底层发展而来，极大地参考了苏联的模式，做了些许改进和一些比较重大的改革，但是仍没有伤筋动骨的改变。应当看到中国 70 年来，从上到下的制度变化非常大，已经在不断地调整自己，但是由于政府机构人员变化不激烈，新的思想在社会首先发生冲击，要逐渐地缓慢地才能影响到政府，越往上层越慢，这有利于社会的稳定，同时也是社会发展相对落后的原因。

如果社会层面变化持续得太过剧烈，而政府反应持续得很慢，就会造成社会与政府脱节越来越大，官民矛盾就会越来越激烈，社会就会越来越不和谐。

中国公有制在立国的时候是真正的公有制，但是在走到一定的时机时不太符合国情，所以逐渐演变为集体私有制（也就是中国特色的社会主义），并且仍然在演变，这也是中国的政治灵活性。虽然不像民主国家那样可以快速激烈地转变，但是领导人总是可以看到适合的方向，引领式地去让生产关系适应生产力的发展。由于立国之本是公有制，所以很大的概率是某一届领导会强势地将局势回归，就像美国的立国之本是自由，日后除非美国被推翻，美国不大可能变成集权社会。改变，还是回归，这不是一道容易做的选择题。改变就会动根本，回归可能是倒退，治国的人不容易。

权力

权力是一种集体内生的现象。

我出一个问题：

皇帝的国库在一个太监的掌握之中，皇帝一点儿不知情也无法获得，但是军队是服从皇帝的，但是皇帝必须要从太监那得到国库才能发军饷。而军队一闹起来，甭管皇帝还是太监都能弄死。

问，三者谁的权力大？

类似的事情，在历史上出现过多次。大家也明白地看见了，很多时候军队最后听了太监的了，比如唐末。也有很多时候军队把太监剁了，听皇帝的了，比如何进。还有时候军队直接反了。

你要说哪个权力大，这还真不好说。那么权力是什么？为什么会有如此微妙的平衡？而不是一种必须是你或者必须是我的现象？为什么蒋公下野，就算桂系掌握政府他也不是国民党领袖？为什么袁世凯下野，最后还是得出来？为什么宋江心机婊，但是大家还是都得听他的？为什么杨素单骑去了瓦岗寨，大家要奉他？为什么孙中山先生从来没有参加过武装革命但是他就能获得当时的总统？王侯将相宁有种乎？

权力是一种社会结构，社会结构一般是稳定的，所以可以传承。但是就算是法定的小皇帝，上台也得有摄政王，主要原因就是服众。所以，权力，你得看谁在支撑你的权力。这就归结到群体的不可能团结上。群体在当众说出来之前是不可能一条心的，密谋的风险也是极大的，告密让整体失败的案例比比皆是。

群体决策大部分人或者核心人物支持就可以支撑权力。所以，希望获得权力的人关键是获得主要权力支撑者的支持，例如唐朝的柱国、清朝的八旗、大宋的文人朝堂。在生活中其实也是会哭的孩子有奶喝，在权力支持上，大部分权力支撑者都是中间派，或者是有多个默认的意见领袖。如果关键的支撑者向着弄权的人，例如董卓、曹操把握的朝堂。即使全天下都认为皇帝是老大，但是主要的掌握权力的人是弄权的人手下，效忠对象不是皇帝，皇帝就是傀儡。这种模式一旦形成就有惯性。弄权的一方如荀彧，再怎么忠于朝廷，也独臂难支，除非绝大部分人都有同样的心态，并且愿意表现出来，否则支持的人最后也可能是处死其所支持的人的刽子手。

什么是权力？权力是作用于人的，是纯粹人性的学科，是对人的控制、影响的能力。可以通过利益、自己的品格、勇猛、信息不对称、财富、社会资源、才华、自己做过的事情（汪精卫的引刀成一快），或者组织惯性等。现代的公司（社会资源、才华）、古时候的血统、乱世的猛人、社会上的资源捐客（我认识你们都需要的人）、道德社会对品格的标榜。

这些都是产生权力的因素。归根到底，权力是什么？权力是让别人必须服从于你的能力。这个能力的获得，可以通过很多种渠道，但只要有人的地方就有权力，因为人与人是不平等的。权力现象是人类社会的必然存在，是人类社会无论如何发展都摆脱不掉的现象，民主社会试图解决这个问题，但是解决了表面问题就出现了新的更深层次问题。我们不能摆脱，但可以去定义。

第三节　经济学

现代经济学

　　经济学的基础是人性恶，人性贪婪和自私，基于这个建立的体系，会让个体越来越趋于理性，因为如果不理性，就会失去利益，不符合系统的根本属性。理性这个词也是用利益来定义的。前面也有一个结论：经济学的目的是制造最大的灾难。我们这里关注经济学现象。市场经济不尊重道德（因为与道德体系是两种出发点），纯粹的利益至上一定会让更多的社会资源流向道德最差的人。这是这种机制决定的现象。因为道德的出发点是非理性的，而只有绝对的理性的才更容易在经济环境下胜出。经济不讲道德，经济学刚诞生的时候，创始人以为经济学是万能的，但是后来大家越来越发现经济学太没有人情味了，所以即使是市场经济最发达的社会也采取了国家干预经济和二次分配的做法来中和经济学的恶。国家干预经济已经成为全球的共识，例如不允许公司做出格的事、不允许垄断，所有对经济的不允许都是纯粹的经济学倾向于去做的事情，与人这个个体一样。经济学本身就是一个个体，它没有自己的社会，也就没有社会形成法律来限制自身，而这个经济学个体要靠社会的道德感来指定法律限制，由统治者从道德的角度出发去调和它。

经济学是人们公开采用的合法的利用人性恶的唯一工具，并且人们正在改造它让它更多地符合道德感，例如税收、例如社会公益、例如政府对基础学科的投资（经济学自己不太容易奖励那些搞基础科研的人），只要人本身可以被规范，经济学也可以。但是最终人变成了理性人，这个趋势是不可逆转的，经济学最终会挣脱现在的道德，因为人的道德观会被经济学改变。不是我们驾驭了经济学，而是它驾驭了我们。

但是，有趣的是，经济学由于也是个体，它会进化为感性。高度发达的经济社会，你会感觉到爱心、你会感觉到经济学的善良，这与人的道理是一样的，但是这是经济学个体的感性，不是人类个体的，虽然类似。至于这个感性会走多远，就得让经济学个体自己来回答了。

信息对称的市场经济倾向于不断降低价格，互相削弱利润。理性客户对同样质量的产品永远选择最低的价格。所以同质的工业化产品的市场经济是不可持续的。市场经济就刺激参与者不断创新永远不能停止，世界也就越来越舒服。但是快速变化的世界会导致文化的剧烈波动，而这个是快不得的。很多政治，社会结构不可能跟得上步伐，从侧面导致社会的不稳定性。资本主义出现的时候就以强大的动能颠覆了

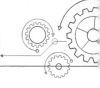

旧社会，而现在的资本主义框架在快速的经济压力下能支撑多久就不太容易说了。但可以知道的是当前社会设法阻碍一些新东西的使用时，就是当前框架试图阻碍发展的苗头了，而发展是不可对抗的。经济学内在的不可停止的特性决定了社会模式的快速迭代，也更加重了未来的不可预测性。由于经济学发展到现在出现了信息化这种指数级增长的工具。

经济学内生的邪恶使得只要国家不对其监管的地方就会有不顾后果的邪恶（集体理性人不会做出长久决策），例如信用体系这种透支未来带来当前繁荣的手法，国家集体的贪婪本质也让其很难拒绝信用制度的发展使用，所以这种饮鸩止渴的立竿见影的效果被一再地使用。

可以通过取消货币，改用荣誉点来代替。这两者实际作用一样，但效果完全不一样。根本在于分发机制一个是基于利益，另一个基于对社会的贡献。人们做好事可以赚取荣誉点，但不能赚到钱。做生意可以赚到货币也可以赚到荣誉点，因为商品和服务可以更好地服务社会。人们愿意将自己的荣誉点交给商家以换取幸福。

日本二战之后的经济模式在一定程度上是成功的，西方人无论如何无法想象员工对公司的一生忠诚，即使现在的中国文化也不太容易体会。跳出来从古代儒家社会的视角看待问题，就能知道日本当前的经济是儒家社会与经济学的巧妙融合，而不是完全去除之后再出发的思路。一定还存在新的道路，但是不太可能有国家愿意去做这种尝试，除非是诞生了新的国家，或者是主要大国发生了根本性的挫败。

理 性 人

资本

　　商品经济在发展的过程中，一定会出现财富的积累，而各人的积累是不同的。经济学的最根本的问题也是有人只劳动不消费，或者消费的价值远小于其劳动所获的价值，这是个体劳动效率不可能相同决定的。

　　财富集中化的过程有两种，依赖于资本的，依赖于其他人劳动的。依赖于资本运作的被称作资本家，依赖于他人劳动制造商品的，被称作实业家。新时代逐渐出现了依靠自己能力获得大量财富的现象，例如金融、IT 等领域，一个人使用自己的头脑可能会获得上千个人所能获得资本。资本家归根结底也是靠其他人的劳动剩余增加财富的。资本家和实业家归根结底也是利用自己使用别人劳动的能力积累财富的，只是其他人靠自己的劳动，而他们可以靠放大的无限多人的劳动。整个社会的进步靠的则是生产力的提高，单个劳动力的创造能力的提高，从而可以为自己带来更多的收入，同时为资本家和实业家带来更高比例的财富集中，而随着生产力的提高劳动者在社会的相对财富占有率并没有任何的提高，反而会下降。

　　放大，或者叫杠杆，就是加速积累的核心原理。这里的杠杆都是积累其他人的劳动的数量，而还有一种杠杆是社会属性的，例如一个软件，可以几乎无成本地快速投递到世界的每个角落，而一个被精美设计出来的凳子、运输、关税、手续、销售等一系列复杂的手续就决定了其推广的速度。所以一个做软件的几乎就一定比生产打火机的工人创造的个体价值多，这是工作种类的杠杆作用。

资本社会，会利用杠杆的人，就会站在这个社会的顶点。而杠杆由于其本身的属性就是不公平，所以资本社会注定是弱肉强食。

　　经济学的很大的问题根源是有人只卖不买，经济危机就是赚的不如花得多。这里面有储蓄文化的影响也有财富集中度越来越高的影响。事实上财富的集中度在自由经济时代也是不可避免的，周期性的金融危机也是对这种集中一定程度上的洗牌以让经济重新有活力，而储蓄意识强烈与财富的集中通常是相伴而行的。这里面就有更深层次的人性原因和经济学原因。

　　所以，有储蓄习惯和理财意识的节俭民族，在稳定资本规模市场上几乎最终会完全驱逐其他人，只要大家都持有相同的货币。所以大国对有储蓄意识的外国剪羊毛的方法只有货币一途，但是对于头脑高度发达的储蓄民族，想要剪羊毛非常困难，最后往往演变为暴力。

机械参与劳动

　　劳动借助机械可以提高单个劳动者的生产能力，近代也就是蒸汽机和内燃机的出现让机械快速发展。总体上看，个体劳动生产力越来越高、生产物越来越优质。

　　这个机械科技野蛮发展的初生阶段，利益巨大，社会还没有为其做好准备。所以从现象上看，人们的劳动强度反而更高、劳动者反而更广泛，基本到了全民参与劳动的时候。妇女、孩子也都可以操作这个机器，从而导致民族思考和生活时间的严重减少。也正是由于忽然的劳动力广泛参与，导致劳动力价格降低，人们反而更累、压迫反而更重。

但是我们要合理地思考，压迫根本上来自哪里？企业主、资本家吗？不是的，如果他们不降低工资、降低产品价格，市场需求的增加和产品数量的增加就会迅速将他们淘汰。当然，不能否认资本家逐利的本性，每个人都是逐利的，只要条件许可，一个工人变成厂长之后也会一样地降低工资、提高劳动强度。这是人性问题，要怪的不是工厂主，而是社会制度没有跟上快速发展的科技，或者说是巨大的市场还远远没有完成初始填充。

制度大幅度落后于生产力的现象发生的时候经常是社会不稳定的时候。要做的，也不应该是推翻资本工厂的生产方式，而是制度尽快地规范适应社会的变化。制度必须由政府推动，而社会是由人民推动的，所以制度和生产力的矛盾时有发生。如果那时人们就有公平的选票，情况就会很不一样，就不会出现以下的逻辑：机械越发达，参与的工人越广泛，脑力越弱，寿命越短，社会撕裂越重。20世纪这种福特现象还有一个根本原因：市场的迅速增加，新的市场一直在开拓，生产没有过剩的问题。出现了过剩，资本家的心态就倾向于雇更少的人，但是创造更多的价值，是效率，而不是规模。

当今的社会工厂依然存在，制度（包括自由的人力市场）已经在一定程度上保障了劳动者的利益，但是资本家压迫工人的现象还是在的，然而无论如何也不敢过分。国际市场已经不再是无限拓展，而且互相竞争，此时人力市场得以存在，对效率的追求加上机械的越来越复杂，使得人与人之间的劳动效率开始出现显著差距。越来越多的资本家开始重视人才，而不是普通操作机械的劳动力。

　　机械仍在大踏步前进，自动化的流水线需要的人越来越少，由于市场总量恒定，市场的快速填充过程已经完成，所以机械劳动的工人总量越来越少，能够帮助争夺市场的人才越来越多。人与人脑力差距增大，不同的人在人才市场开始有不同的价格，人们不再是同质的劳动力，而且是不同的产品。随着人才分化的加剧，难过的越来越是企业主。招聘一个程序员可能要 10 个印刷工的工资，但是也不一定能产生10 倍的效率。这种现象仍在加剧。

　　机械的自动化市场的相对饱和导致工人脑力活动增多、导致人才的巨大差异、导致新的等级形成：脑力等级。直到资本家再也无法雇用更高效率大脑的人才，资本家与劳动者就会被人才阶级取代。

　　在这个阶级，自动化进一步加强到几乎没有体力工人，人们几乎全部使用智力机械帮助更大限度地发展和使用自己的智力。文化、科技将会进入一次新的革命。智力开始代表权力，科技人员的地位将会快速上升，几乎无法避免，如果没有强悍的文化，科技人员最后会篡夺政权，并且封锁教育资源，形成新的阶级，整个社会大踏步地追求效率和自动化。社会被人工智能控制，人类走出地球，都是未来的高概率事件，尤其在文化包袱比较弱的美国容易发生。

　　但是只要全球贸易存在，那些尚未发展出足够的脑力劳动者的社会就会被转移工厂剥削，自动化的大幅度进化也就不会发生。这仍是追求最小代价最高利润的本性。在如今的国际环境，很有可能出现一国永远从事体力活动的情况，总不可能翻身。一国的不能翻身而导致的人们对更高效科技追求的减弱，也是阻碍全人类进步的重要因素。

体力劳动的工银与机械生产

一个人该得多少工资呢？在劳动同质化的工厂时代，如果竞争充分，一个人的工资理论上应与其体力付出程度成正比。利润少的市场做的人自然就少，工人流向付出同样劳动获得更高报酬的地方，资本也对应地调整自己的报酬给予。这些的前提必须是自由的充分竞争的劳动力短期有限的市场环境，而现代的教育，即使在环境保护这种当前社会需求量非常少的领域也培养了严重超量的毕业生，属于人为地在行业注入人才。虽然很多人最后转业了，但是这极大地降低了这个行业的工银，同时，也极大地刺激了这个行业拓展更广阔的需求。

所以，本质上体力劳动的报酬取决于所付出的体力，也就是劳动本身。而在使用机械时，其生产能力比不使用的时候可以高产好几倍，那是不是使用机械应该多几倍的薪酬呢？不是的。

首先定义一个理想市场：自由竞争的市场，劳动力有限，市场不变，不存在寡头，政府不干预，货币价值稳定，没有战争外交等外在影响。

我们定义一个概念：社会价值。假定是理想市场。有一个先进的生产力可以把单劳动力生产效率提高5倍。有一家采用了，其他人都会采用（否则他们会死），大家都采用了，该商品的价格就会下降5倍。这个下降过程是最优理论的梯队下降，会下降到成本以下，很多人没有利润离开，然后价格回归。最后的稳定价格会成为原来的1/5。对于劳动者来说，他付出的劳动一样，但是生产力提高了5倍，工资不变的情况下，他也买到了原来5倍的东西。放眼全社会，社会整体生活水平提高，而任何一个劳动者工银并没有变化。这个不变的工银就叫作社会价值。而世界的社会不可能是理想市场，所以工银是肯定会变化的，甚至幅度很大，但体力劳动的社会价值永远不变，社会价值只有在理想市场情况下等于工银。

《资本论》中也有关于这个问题的解释。《资本论》认为这是时间工银的恒定性，在生产效率发生变化的时候个数工银也会发生变化，但代表劳动时间的时间不会发生变化。这些都是现象，而不是本质，本质是效率的变化所带来的社会价值的恒定。做普通鞋的普通工人，无论生产力发达到何种境地，无论他一小时能做多少鞋，他所创造的相对社会价值是恒定的，也就是他的社会地位和认可程度几乎不会发生变化。

所以几乎任何时期的近乎恒定产出的劳动，如何想方设法地增加劳动时间而不提高工银是所有资本家的追求，而如何减少工作时间不降低工银是所有劳动者的普遍诉求。这也是两大阶级对立的根本原因。20世纪的工人阶级和资产阶级就是这样变成了水火不容的两派。

然而，社会发展至今，脑力劳动的发展和职业生涯概念的产生，使得阶级对立的前提发生了变化。增加工作时间并不一定能给资本家带来更大的利润，减少工作时间不一定给劳动者带来更大的相对收益。劳动者希望晋升、希望积攒经验、希望创业，这几种社会选择在百年前都是不存在的。阶级矛盾得到了显著的缓和，工银问题就不是那么针锋相对。

然而大部分人无论是脑力还是体力劳动产出是平均的，也就是可替代的。所以矛盾依然存在，并且会继续存在，但是社会发展的前方是不断缓和的、不断变化的。

劳动时间

《资本论》诞生的年代，资本家大幅度增加工作时间，导致工人寿命很短，怨气很深。那时工人阶级没有足够的谈判筹码，商人逐利的本性使得资本家能多压榨就多压榨。

但是由于这个而直接否认雇佣的劳动关系，是万万不可取的。西方社会由于博弈和民主的本性，导致这种压迫不可能长期存在。人们会看到亡国灭种的危险，会看到人民的诉求，所以人民会诞生工会、工人政党，甚至工人的理论《资本论》。但是，这些都只是对特定环境下的最优反应，是一种社会反应的行为。

例如同样的压迫出现在清朝时期，中国有很大概率永远是超高强度工作的工厂，直到爆发暴力革命，而不可能诞生和平的解决方案。这是由集权本质决定的。

一个人类的属性：如果我可以压迫你而没有受到惩罚，我为什么不压迫你？

我们任何人在设计一个软件系统的时候，都要随着系统的测试运行不断地调整系统的组织和功能，这是因为软件系统的用户会给我们反馈，我们可以通过响应这个反馈让系统更好。而集权环境下的系统，是万万听不进去反馈的，因为有怨言你也要用，我拥有强制于你的能力，就像一些国有企业在机场投放的活动，用命令的语气让你去扫码，而丝毫不说这么做有什么好处，好像小民就该服从，而这种现象也在迅速消失，群众教育统治者也在时时地发生，民主的韧性在这里表现了出来。

资本主义本质是博弈，集权与博弈格格不入。所以即使北宋再发达，也不会有资本主义，人们断断不可能上升为资本主义形成商人党派和学说的。

进入现代社会，资本主义由于不断协商，已经有了各方面平衡的劳动时间强制要求。但是由于按照人头分配的工人的民主力量始终大于资本家，所以对工人的保护一定过量。最后所有的资本主义国家一定是社会主义的大政府，这就是社会的自然演化。

当成熟的民主资本主义国家演化为大政府的时候，愿意承受更多工作的相对集权的国家的国家竞争力就一定会超过发达国家，这就是当前的状况。工作时间不是越少越好，也不是越多越好，而是要根据国际竞争情况动态地调整，可惜的是民主的弹性是滞后的。他们必要形成相当的灾难后才会推动巨大改革，但是在微小调整上却能表现出极快的速度。

随着脑力劳动的增多，工作时间也会逐渐拉开差距。世界上唯一不变的就是变化。描述现象的理论一定会过时，面向变化的思想才是长治久安的法。

资本已经不是当年的资本，马克思所见的资本主义已经与今日区别很大。今日和未来相当长时间的经济领域的显著特点是智力劳动人才的差异化。

理 性 人

　　劳动时间的 6 小时或者 8 小时是按照剩余价值理论和人的平均工作承受能力确定的，那个时候大部分的工作都是无脑的体力活。显然地，这种时间的确定已经失去了最本质的根据。从事矿产作业的体力消耗和从事办公室文员的完全不在一个数量级。同样是办公室工作，程序员和文员的疲劳程度又是显著不同的，这里分析的是工作内容对身体的消耗。另外一个角度，仍然是人才的差异化。有的问题，普通员工要一个月才能解决，优秀的可能一小时就能解决。这在脑力时代是经常发生的，以后只会越来越多。如果仍然是以工作时间作为一个标尺，岂不是普通员工只要拼命工作，价值就比优秀员工大？体力劳动单位时间的产出是基本固定的。提高劳动时间意味着成比例地提高劳动产出，而智力活动不完全遵从这个规律。典型的现代社会很可能买对一套房子的增值收益就能抵得上顶级人才几十年的工作收入，能够看到经济危机并提前转移资产的人可能只需要操作一天却能减少别人几十年工作价值的损失，选择对了行业，即使每天工作 2 个小时，可能也比其他某些夕阳行业的人每天辛苦工作 10 个小时所得的多，并且还被认可。

　　人才差异化既然存在，不公平就没什么不能接受的了。有能耐你上啊。一个投资家可能一分钟的决策所创造的资本就够普通人工作一辈子。资本的流通变化已经使得资本本身可以创造价值，从而兑换使用价值。

　　新时代的工作时间应该充分尊重工种与人才差异化各行业区别演化，但是当我们能看透这个演化，我们就可以按照我们的意愿让它演化，这也就是社会学的最大意义。认清自然并改造自然是我们工业革命以来得到的最发人深省的价值观，我们是时候树立另外同样重要的价值观了：认清社会，改造社会。

价值理法与价格理法

人才差异化时代，以社会平均生产能力定义价值。理法系统，立即失去了存在的基础。一个顶级的黑客可以攻破一整个国家的安全工作者所设计实现的系统，而他们工作所创造的价值就只取决于对目标的防御能力。

那么价值又如何评价？人才差异化带来的是价值巨大的差异化，而这个价值只能有一个市场价格来衡量。同样的东西，在不同的时期，带来的价值也是有显著区别的，它们的区别就表现在当时的价格定价体系中。

价值，取决于需求，不取决于劳动量，这是与马克思的理论相左的，但是却是实实在在的。价值的法理也不是用来源于社会的劳动来评价的，而是由其作用于社会的效应来评价的。我不是不知道马克思学派针对这个问题的解释是独占性问题，并且马克思认为价值理法只是在充分竞争的时候成立。如果我真拿这个来举例，充分竞争的领域在现在和未来只会越来越少，不会越来越多。那是不是《资本论》对我们已经没有意义了？其他人就不准再使用价值来解释问题了？新时代，需要用新的视野去看新的问题。我们在现在的时代也是局限的，但是相对于之前的时代，我们是广博的。社会是发展的，理论也是发展的，马克思用价值来体现社会关系，而用使用价值将价值、将商品相对地孤立为价值与使用价值这不同层面的两个问题，我认为是有时代局限性和政治解释的。商品必由需求创造吗？现在的很多营销已经证明了需求可以由商品创造。商品必须由劳动产生吗？如果你要让这个永远为真，现在就开始限制人工智能和机器人的发展吧。

有一点在任何时候都是对的，生产力决定生产关系。但是马克思无法想象生产力发展的形式可以有人工智能、可以有智能手机、可以有脑电波控制、可以有基因工程。对的永远是物理存在的规律，而不是对这个规律做出的解释。

我们必须深刻地认识到一个非常显著并且非常重要的现象和问题：随着领域的快速增加和各个领域的门槛的提高，领域充分竞争的条件已经越来越缺少。未来的社会很可能进入在大部分领域都不是充分竞争的神棍时代。

人才差异化的今天，最基本原理的最根本的定义就是：价值就是价格。或许，它从来都是。

垄断、壁垒与价格

传统经济学认为垄断者可以控制价格，而如果产品没有形成垄断，价格可以由竞争决定，而竞争有利于生产者提高产品质量也同时有利于消费者买到性价比更高的产品。所以，竞争是个好东西，几乎世界上的大部分国家都有防垄断法。

垄断有很多种，市场垄断（例如微信，完全靠合法的手段占据了几乎全部的市场），政府支持的垄断，属于有暴力机关备案的强制垄断，这通常是低效率的代名词，但是也有很多研究认为对于一些行业的强制垄断是对社会有利的，例如交通、通信、电力等国家基础产业甚至权力本身。这主要从安全和国家利润的角度，服务于统治目的的经济领域。还有一种技术垄断，马克思时代是不常见的，技术垄断可以导致市场垄断，但是这与市场垄断还是不同的。这也是社会生产力发展到今日的重点突破方向和未来的社会常态。

我们越来越重视分工，很久之前就开始分工，但是那个分工的时代，你负责车轮，我负责螺丝，互相之间调换工作岗位的代价是很低的。现在的社会和未来的社会，各个行业之间的壁垒迅速增加。对应的未来人才的差异化和互相的不可取代性，也就造就了更多的稀缺性。越往后发展，稀缺性就越来越突出，大数据时代来的时候，我们发现到处都需要这方面人才，但是到处都没有。智能手机出现的时候，社会也没有为它准备好人才的储备。我们现在处于一个很有趣的阶段，就是有很多新的事物产生，我们很多人可以切入这个新生的行业快速成为专家。当社会高速发展的时候，专家这个词就会变成砖头一样容易，这就是社会迅速开始高壁垒分工的标志，也就是现在。所以我们得知道未来的样子。

现在也会经常发现，几个人的力量可以敌得过一整个国家，这是两个现象逐渐普遍的结果：高壁垒分工与人才巨大差异化。

那么由此趋势而产生的价格变化趋势也就不难理解。竞争环境，价格由市场的需求决定，垄断环境，价格由生产者在需求曲线上的任意选点决定，而高职业壁垒时代，价格由情怀决定。

是的，未来的经济竟然看起来很可笑，决定因素竟然是情怀。如果你发现能做事的人越来越少，但是领域越来越多的时候就不难理解。圈子越来越小，产品越来越无法复制，每个细分的小圈子的人都可以随意地垄断。

很多事情，在做的人少的时候，新进入的一定会发现，我可以在这个圈子里取得更好成就。这是很自然的，相对论如果有做饮食的那么多人做，人类早已经突破天际了。

这种趋势，你现在就可以见到。比如我们的蔬菜是有机的，就是卖 30 元一两，也真是有人买。我们的包包是手工的，卖 10 万元一个，也可以卖得很好。我的算法只有我知道，并且只有我在卖，我卖 100 万元，需要的人也有买的。实际上你让我卖 10 万元我也能卖，可能就是我一个晚上使用迦洛华理论偶然得出的在工程中的应用新方法。

新中国成立的时候外国的一个路由器都能卖出一辆汽车的价格，那就是智力饱和的结果。如果不是后来有 12 亿人补充进分工社会，可能它一直就是那个价格，卖出火箭的价格也是合理的。问题是，世界上还有多少脑可以补充进快速发展增加的分工系统？

商品的定价原理

商品的定价原理是生产方的总价格（数目 × 价格）要等于需求方的总使用价值（数目 × 愿意付出的价格）。需求方内部愿意为同一种商品接受的价格是不同的，但是总量可以平均。这个等式里其实有两个变量：生产方的定价与需求方的出价。所以价格的形成不仅仅是一个固定的量值换算过程，还是一个博弈过程。最聪明地利用等式中可变的博弈过程以获得最大利润就是现代的市场营销的内容。所以，市场营销有且只有三个切入点：提高商品生产的准入门槛，以降低和控制商品数量；增加需求方数量（一般是通过产品设计和降低价格，最近还出现提高黏性的生态销售）；增加需求方愿意付出的价格，通常是控制商品准入以控制价格或者提高产品质量，营造产品内涵来增加商品使用价值。任何可行的商品市场方法，都必从这几个维度中产生。需求方想要获得性价比最高的商品也几乎只有一种方法：联合起来集体抵制。当生产方存在充分竞争的时候，需求方似乎不用参战，只做选择。也正是一致的选择，构成了对其他选项的一致抵制。印度的不合作反抗就是抵制无竞争情况，常见的商家竞争，就是通过选择抵制有竞争情况。我们遇到的大部分都是有竞争情况，这时提高全民的选择能力就是提高商品的生产效率。

资本与政权

  资本无国界，而资本逐利的本性，导致国际强弱变化和各国资本环境就能决定资本走向。国际强弱不敏感时，机会和环境就是资本的走向。环境上，中国对资本的重重限制不占优势；机会上，中国的大量勤劳有文化诉求的人口从改革开放时就有大量优势。但随着房贷加剧，国民消费能力的萎缩，汇率导致的国内外生活质量的巨大差异，国人本身都希望走出去。国内实业竞争的加剧，未来会有更大量的资本走出去，资本大量撤离会导致国内高溢价资产的无法持续。所以，中国未来要么是大降汇率，要么是资产大量去杠杆。

  而中国现在已经有很大的资本泡沫，为什么能够持续？

因为货币的超发和锁定。社会基于一个原理运行：影响人们对货币信心的是市场中流通的货币量。由于中国人民虽然有很多资本，但是都被锁定在房地产。虽然超发了大量的货币，但是短期内不会在市场上反映出来，物价也不会飞涨，人们短期内不会感觉出货币的问题。但是如果资产市场处于饱和甚至下降，社会所释放的流动资金将快速地进入流通市场、出国和金融市场。中国的外汇储备够支撑一段时间的货币流出，但是到了后期外汇枯竭的时候，人们将会大量地通过非法手段恐慌式地出走，而此时外资可以收集到大量廉价的人民币筹码，进而拥有了大手笔做空的能力。如果流入市场，像 2015 年的牛市就是一个消灭超发资金的案例。直接蒸发掉比什么手法都划算，所以可以预料如果危机来临，还会有这样的行情。但是不可避免地资本会大量进入商品流通领域，会造成金属、红木等保值实物的疯涨，也会带动物价的飞涨，这样就会导致经济危机。

所谓的经济危机就是忽然赚的不如花的多，但是货币恐慌带来的不只是经济危机，还有对国家基础的动摇。

君主集权时代，政权本只服从君主意志，后来社会力量崛起，政权越来越倾向于服从能够造成威胁的力量，资本、工人直到人民。

现代政权永远倾向于伤害少数人的利益，资本永远倾向于伤害多数人的利益，这是民主政府的最大矛盾。当资本控制或影响政权，社会分化就加剧。社会分化的程度取决于资本对政府的渗透程度。

精英政权抵抗资本的能力远比民主政权强大很多，也就是说精英政权的决策不一定是资本高效的，而是社会高效的。必要时，精英政府会公开地牺牲人民的生活水平完成政治理想，而民主政府不可能（但是欧洲的福利政策则是他们的短视行为，并不是出发点行为）。

美国冷战结束之前，政府对资本有相当大的控制能力，而冷战之后资本基本逐渐控制了政府。所以看待美国，不能以国家的视角，而应该以公司的视角。欧洲的社会主义程度比中国还严重，所以对资本的约束能力欧洲是最强的，中国次之，美国最差（约束能力并不代表尊重程度）。所以周期性的经济危机，美国是最严重的。但只要国家自由和军事力量继续存在，资本就仍然会回来。

当一个政权尊重资本的时候，资本才有可能相信政权，反之资本除非有相当大的利益，否则不会相信政权。市场经济下，被资本抛弃的政权几乎没有出路。所以，对于一个政权来说，要么你拥有广阔的劳工和市场，大到可以让资本忍气吞声，冒极大的风险，要么你就充分尊重资本，让资本降低自己的条件。

归根到底，资本对政权的要求是：尊重，可靠（军事层面，在对抗时期比较明显），利益。政权对资本的要求是：别快走，别快来，让你去哪儿、去多少，你就去哪儿、去多少。说白了就是听话。两者就是在不同的维度寻找合作点，是一个博弈均衡的过程。

新时代的剩余价值

马克思的时代，劳动同质化严重，从宏观的层面看，很容易得出平均劳动和剩余价值的概念。但是在新时代，脑力活动盛行，互联网和全球化给价值创造加上了杠杆。有的员工的剩余价值已经可能是他被支付的薪水的很多倍，有的却严重名不副实，给公司带来负剩余价值。

新时代的脑力活动，已经不是单纯的资本与劳动的关系了。员工与老板越来越多的是合作关系，一个用户十亿的公司可能只有十几个人，每一个都可以是老板，也可以不是。

我给你平台，你实现梦想。老板打杂，你专注于技术，我们协商一个利益分配的办法。这种协商已经越来越把老板的地位弱化。老板也是团队的一员，只是负责不同的工作，收入不同（很多老板收入还不如员工）。

是什么样的情况可以让资本家做出如此让步的？个人杠杆的出现。战场上，再厉害的士兵也不能一打五十，但是智力工作，可以一个人做到一万个人都做不到的成果。新时代，叫这种人为人才。

剩余价值变成了剩余风险。老板的任务是尽量让每一个人才都能产生剩余价值，但是他必须面对有的人的剩余价值为负的风险。马克思时代的资本家基本上面对的劳动力是同质的，工厂不会因为一部分纺织工不努力而倒闭。劳动力的差异化是资本主义发展到现在的最根本变化。

当有剥削意味的机制变成了合作，这其实已经不是以前的资本主义了。股份制、脑力劳动、自由的就业市场，这是一个合作的时代。我可以叫它社会主义吗？反正我知道，下一个时代是分工的时代，就是共产主义。

所以，我认为在特定的时期，有一种或几种可行的制度，

第三章 生产力和生产关系

但是没有任何制度可以超越时期而存在。

智力理想市场与体力理想市场

体力劳动在理想市场社会价值恒定，社会价值不随着生产力的发展而变化，这是体力劳动的显著特点。形成这种现象的根本原因是体力劳动（尤其是使用机械），人与人之间几乎是单位时间产生同样劳动的，所以使用社会的平均劳动作为劳动的尺度。

而智力劳动，不同的人在同样的时间产生的劳动输出是万万不同的。这里首先要定义一个概念：劳动价值。智力劳动在单位时间的不同的劳动输出就叫作不同的劳动价值，而体力劳动的单位时间劳动价值是大体一样的。单位时间的劳动价值叫作劳动效率。这种劳动效率与《资本论》的劳动力的概念从效率上讲是一样的，资本家购买的是劳动力，不是劳动。再本质一些，资本家购买的是劳动效率，劳动力通过劳动表现为劳动效率，不劳动的劳动力是没有劳动效率的。所以，资本家根本购买的是劳动效率。

与《资本论》的劳动概念显著不同的是：《资本论》中劳动都是指体力劳动，所以劳动一词就意味着输出是一样的。用社会的平均劳动能力不完全适合智力市场，智力市场的价值创造有一部分属于英雄主义，顶尖的突破，一个人的劳动价值比十亿人还大。

定义一个概念：理想智力市场。理想智力市场在理想市场的基础上附带一条：在全社会范围，从事该项智力劳动，个体的劳动效率是大致相同的，也就是整个社会的平均教育水平涵盖了的智力活动部分。日常的智力市场,有很多是理想智力市场,稍加培训就可以胜任。例如小公司的财务会计,甚至不用是会计专业,生活的记账就可以完成公司的记账(虽然不规范不高效)。在理想智力市场中,没有人特别聪明到卓尔不群,智力劳动的劳动价值也就可以用社会平均劳动价值来衡量。资本论的理论可以涵盖这一部分。

现实的任何一种智力活动,都是学科、都有前沿、都有人能或者可能做到远远更高的劳动效率,例如现代不同会计的待遇差别可能在数十倍甚至上千倍。企业主不是傻子,付出的工银必定与该人能创造的价值成正比。不同人的智力劳动效率就有了非常显著的不同。这时,再以社会平均劳动效率来推导在出发点的时候就错误了。

定义一个概念:理想现实智力市场。理想现实智力市场符合幂律分布。大部分的智力劳动者处在理想智力市场,可以用社会平均劳动来推导,但是对整个市场的影响力很小。小部分人属于该市场的高智力劳动效率人群,几乎控制和决定了这个市场。

体力劳动市场,理想智力劳动市场,理想现实智力劳动市场是当前的主要元素。趋势上,体力劳动市场会逐渐萎缩和消失,未来市场几乎永久是理想现实智力劳动市场。大部分人处在理想智力劳动市场中,却被少部分人控制。继续的趋势是少部分人越来越少,并且可以通过更高质量的教育遗传,最终形成新时代的智力集权。

这与美国的总统选举区别很大。智力集权并不需要政府和军队,它需要的只是社会,利用其内生规律完成统治。

第三章　生产力和生产关系

资本与智力劳动者

马克思时代的资本是资本雇用劳动，无论是高度构成的资本还是低度的，资本都是作用于生产过程的劳动杠杆，其根本目的是用以榨取剩余价值的。

新时代，资本是寻找高质量劳动的。资本逐利的本质没变，但是社会生产关系发生了显著变化。

人们受教育的程度逐渐提高，几个数学家想创造一个产品，他们可以直接创造，然后与资本合作。资本与劳动的雇佣关系已经开始有逐渐淡化的趋势，在脑力密集型的产业尤其如此。

雇主与资本合作，雇员与雇主合作。现在很多领域是合作社会。越来越多的人工作不但看工资和工作环境，而且看自己的兴趣爱好。合作关系社会的发达程度取决于社会整体的受教育程度。一个教育高速发展的社会，如果排斥这种合作的社会关系，受教育的人就很高概率带来社会的不稳定。因为合作就是尊重，知识寻求尊重，希望被尊重，这也就是大家常说的知识分子就是矫情、毛病多。

没人能准确地规划国家路线，但是人类路线却是很明显的。杰出的操作者可以逆趋势，但是聪明的操作者会用趋势、顺趋势。

任何一个国家需要的都是提高教育质量，提供合作环境。

体力劳动在资本不充足的情况下可能会转变为社会的暴力因素，但是智力劳动在资本不充足的情况下会显示出巨大的流动性。知识劳动者对资本的依存往往使得智力劳动者即使心里爱国也不愿意实际爱国，劳动者本身就会随着资本在全球范围转移。也就是仗义每多屠狗辈，负心总是读书人。本质上，智力劳动者更加不能忍受低质量的生活，甚至在收入不变的情况下，对社会环境例如言论自由等的要求都会随着智力的提升而提高要求。这是出于对自身资本控制能力和对智慧劳动者的了解。而美国威尔逊主义也几乎是对知识分子以及他们所携带的资本的流动规律的深刻利用。

资本全球化的今天，金融领域的失败可能会导致人才的剧烈流失，直接动摇国家崛起的根本。

自由经济的社会撕裂

市场经济的本质是竞争，只有在竞争中才能做到优胜劣汰。其深层的意义是社会达尔文主义在经济领域的应用。如果一个企业为国家民族做出了巨大贡献，后来因为缺乏创造力被市场淘汰了，也不会有人同情。这种弄个模型就相当于个人生活在国家里，为国家工作了一辈子，但是到老了干不动了，却老无所依一样。残酷的纯经济社会，老年人自杀倾向就严重，老年人就相当于经济博弈中的暮年的企业。

经济的本质属性就决定了随着社会经济的发展，社会必将分化为经济领域的精英阶级和贫困阶级。因为竞争的本质是个体能力，社会资源和知识量的不对称，而这些在相近的人之中是可以很大程度传递的，拥有明显不同的两部分人将必然形成。想要解决这个问题，就只能用共产主义早期的集中式的少儿养育办法，人们可以生育，但是个体没有抚养权，由国家统一地不区别身份进行抚养。只有如此，才能根本上解决经济竞争的阶级固化属性，并且任何一个时刻由于新进入社会的年轻人都是统一地培育出来的，他们面对的竞争就是完全平等的，就更能刺激他们的奋斗精神。但是如此一来，整个社会的人格和道德等方方面面都会受到巨大的冲击。

当前的自由经济国家每隔一段时间一定要发生一次经济危机的原理就在于此。经济调节自身使用一次大洗牌来重新革新阶级分化，但是随着时间的推移，经济危机不但没有解决这个问题，反而使得阶级固化更加严重。因为已经是长期的精英阶级，就有充分的信息和能力来预测和规避经济危机，反而是经济危机受灾最严重的人群却是那些刚富裕起来的新进中产阶级。美国就是随着经济的发展，经历多次的经济危机之后，阶级几乎完全固化，加上教育的费用是一个普通家庭不可能承担的，美国实际上已经进入了阶级社会矛盾不可调和的阶段。现存的唯一的能够重新分配的方式就是大选，于是才有了特朗普和希拉里之间的完全两个鲜明阵营的白热化竞争的现象。一个代表精英阶级，一个代表群众。我们可以发现一个惊人的现象就是美国的精英阶级竟然占据了接近人口总数的一半，这在任何其他国家都是不可想象的，这是因为美国的精英阶级不只是靠本国的群众阶级支撑，并且是靠美国国家机器剥削全球支撑的庞大的食利阶层，所以也就不难解释他们为什么都支持美国继续维持霸权，甚至对外动武，因为离开国家机器，他们不可能只靠剥削本国的下层阶级就能赖以生存。

贸易的本质

贸易一直不被认为是创新，贬义地说是投机倒把，褒义地说是抹平世界的需求。本质上，贸易是互相剥削的过程。当贸易顺差的时候，剥削胜利；当贸易逆差的时候，剥削失败。自由贸易就代表了公平剥削，最后一般会有一方失败，变成了相对的被剥削方，于是就会有贸易壁垒。

这个本质在当前不明显的重要原因是货币系统和军事控制。当一个国家可以操控货币的时候，在贸易领域的剥削失败反而是成功，因为他可以让对手所得的货币利润化为废纸，就转变成了用货币系统这一更高效的方式去二次剥削其他国家，也就不在乎贸易剥削的失败。另外一种是军事压制，罗马一直在花钱从周围买下他赖以腐败的商品，然而它并不是这些商品的创造者。即使贸易逆差，它也能长期维持商品的输入，靠的是罗马军团对辐射范围的压制和行政剥削。然而长期看，贸易剥削的失败即使可以长期持续也会让社会逐渐腐化，这一点几乎无一例外，几乎不可能出现一个社会，可以靠非贸易手段剥削别人来获得生存资料还会努力工作创造商品来长期与本来可以行政军事或者货币剥削对方的社会进行公平贸易剥削对抗的。这种可能性在最近百年出现了，那就是伴随着科技的进步，一国可以专心地发展军事和超高科技，对他国形成无可替代的原材料压制和军事压制，进而形成稳定的货币压制来不断地剥削全世界。但是科技与军事必须相辅相成才能持续带来压制效果，如日本的科技独强但缺少军事力量也无法有效地进行剥削，使用货币金融战争等更高受益的剥削方法，反而一直在走量，而走量的确是他们隐忍遏制其他国家创新的手法。如美国三位一体，竟然成功地剥削世界百年，2016 年不断有国家货币体系崩溃，里面都有美国跨国集团纵横获利的身影，而他们的股东通常都是美国的广大人民，依靠的是美国整体的规则暴力保障。

我们在这里不过多谈论军事和货币带来的现代剥削，只考虑和平共处货币一致情况下的贸易剥削，如明朝时期的白银黄金硬通货时代。万历前后在全世界都是相对公平的贸易剥削最激烈的时候，也是地中海人口大爆发的时候。从开罗出发的上万人的商队前往中东，丝绸之路一步一步地接力将商品运进中国、运出中国。在此过程中，作为最大的商品生产国家的中国，也不会用军队或者货币剥削中东，而是只是输出商品，积累了大量的白银和黄金，巨大的顺差使得整个社会从财富上看无比富裕，上一个类似的时代是宋朝。然后整个国家中央政府开始迅速贫穷，民间资本快速做大，接下来就是整个国家的战斗力和创造力下降。因为只需要依靠传统的陶瓷和丝绸就能够剥削全世界，中国根本没有动力进步。现代的政体有明显的危机意识，即使躺着可以吃饱饭，领导阶层也能远瞻未来，知道不创新是不行的，这些都是长期惨痛的历史经验和高度交互的全球博弈导致的结果。即使如此，民间由于获得财富太容易，也就容易滋生享乐主义，欧洲的腐化就是剥削全世界的后遗症。现代贸易的特点是没有永恒简单的输出有效的商品，即使有，也是资源，是会枯竭的。所以现代国家的腐化速度远远慢于古代的种几棵茶树就能幸福生活的日子。就像管仲的经济战，江南的战斗力不强，都是贸易剥削的负面结果。

而我们的这个世界，走到如今，分工的趋势只会越来越强大，不会越来越弱，这就意味着生产的产品必须要卖出去，并且是越来越强烈地要求卖给全世界范围内需要的人。在一个国家内部，分工群体，典型的是企业之间的对等贸易越来越少。因为企业通常从供货商那里进货或者生产资料，但是生产的产品的销售对象并不是供货商，而是其他的企业，整个贸易系统是一张网，谈剥削本质就不明显。然而这张网内的每个节点都希望尽可能地剥削它的下游节点，最下游的节点是人民。人民通过出卖自己的能力获得的货币，本质上就是将自己的劳动时间商品化，销售以获得收入，所以可以统一地存在于这张网内。这张网内的任何一个节点都不可能做到只有上游没有下游，也就是只进货不销售，这中间的货币介质就决定了货币是一个池，想要输入必须要输出，想要输出也就必须要输入。这张网内的剥削本质从来没有变化，而类似国际剥削那种顺差逆差就更加复杂地体现在了每个节点的收支平衡上。没有节点可以长期地只出不入，也没有节点可以长期地只购买不产出。当任何一个节点的贸易输出所获利润长期小于其购买货物所需货币的时候，以至于击穿了它的资金池，它就会破产。这张网上，其他节点与它这个节点的联系就要抹除。一个节点的贸易失败本质上就是剥削网中的剥削失败，你剥削下游的能力小于你的上游剥削你的能力。

任何社会商业活动都属于剥削的一环，所以一个人如果希望在商业上取得成功，无论用什么方法，纯粹的商品贸易也好、生产产品销售也好、提供社会服务也好，本质上都是参与贸易剥削网。他所需要的基础理论永远是对剥削本质的认识。

而剥削的本质是不对称的。这个不对称包括信息的、地位的、资源的、地理位置的、商品的、智力的、社会关系的，等等。任何一个地方建立了相对其他人的不对称，你就能通过这个不对称去剥削其他人，也就是参与贸易网成为其中的一个节点。所以只要分工社会存在，平等就永远是个伪命题，并不是之前很流行的理论说是资源的不充分导致了不平等，导致不平等的不是物品，而是人，资源是不平等媒介。

我们可以设想一个没有不对称的社会，实际上我们根本无法想象，除非人与人之间完全不发生交互，那也不能称之为社会。我一直认为老子最伟大的地方不在于《道德经》的前面的章节，而在于被广泛认为无用的最后一节：小国寡民。人民没有智慧，不用动脑，就解决了智力差别的问题，自给自足，轻量接触就能最大限度地让人人平等，小国寡民，国不能剥削人民。但是老子有一点没有说明，就是国与国之间该如何相处。这一点也是人们不接受这个策略的主要原因，小国就是弱国，弱国就会被其他国家欺负。所以老子的方案缺一个审判者，这种理想社会也只能等到世界一统或者是出现外星压制性文明后才有可能见到。

社会虽然是建立在不对称的基础之上，但是每个人也都是赖以依靠这个不对称出头的，这也是社会向前，每个成员努力的根本动力，因为努力能够创造自己相对于其他人的不对称。有可能一个技术水平很一般的同学，毕业的时候进入了金融结算中心工作，技术要好很多的同学去了一个私企，随着时间的推移，结算中心的同学地位财富和见解都越来越高，而私企的同学只有开始的时候多赚了一些钱，后劲乏力。这对于个人就是选择问题，对于社会就是平台不对称的问题，并且这个不对称是万万不能消除的，即使是完全的计划经济也有负责计划的和被计划的，也有被计划去种地的和被计划去接受教育的。

所有的社会活动都是贸易的形态，贸易就是交换，交换就是公平剥削，贸易平等就是剥削平等，而平等剥削的胜负取决于对称性，对称性是社会的根本问题和根本动力。我们接受教育、学习技能、与人沟通、找工作、创业等所有的社会活动本质上都是努力参与剥削，并且尽可能地提高自己的不对称程度。所以，对于一个社会、国家或个体，在社会不存在明显等级的时候最重要的永远是教育。

第四节　社会学

社会学原理

社会学家会鼓励你挑战尝试，如果你发现自己穿着衣服去参加聚会而不是裸体，你是用常识在行动，社会就是基于不断增多的常识才越来越容易变得文明，因为大家不用去了解为什么，只需要照着做就好了。而社会学家就是告诉你，在你使用常识的时候，别忘了想一下常识背后是什么样的道理。比如西方的汉堡奇迹，几乎每个西方人都会吃汉堡，如果从头到尾都自己制作一个汉堡，你就会发现制作一个汉堡简直是一个奇迹，而我们平时就那么轻松地吃掉了。以此为切入点，希望大家尊重社会学分工的力量。

如果一个理性的成年人到完全不同的风情文化的国家生活，他去的第一件事可能是了解习俗和语言。他会频繁地去思考这个新的国家的这一切都是怎么形成的，为什么会和我的国家不一样。他一旦开始这么想了，社会学就叫他拥有了社会想象力，也就是经济学里常说的活得明白。这种思考常识的行为就是常识被改变的原始动力。人类有理由，也有权利在一个好的社会中过一种好的生活，这是社会学的根本目的。

　　常识就像社会规则，你照着做，你会活得比较顺利。大部分人在生活中发现，遵守大部分的常识和规则，选择一两个点进行创造性的破坏，往往可以取得巨大的成功。社会中的规则，只有你反对它的时候才会显出它的威力，这就是很多人称企业家是创造性的破坏的原因，这也是社会和平的发展的几乎唯一的模型。

　　社会学由于研究社会，所以大都被用在了统治上。民主社会的社会学可以让统治者用另一种和平的方式集权，集权社会的社会学可以让国家能设计出更高效率的社会制度和城市规划。而当年的苏联的计划经济失败的很大原因就是对社会学知识的欠缺，不知道一个规划下去，社会对于规划的反应。等到大家发现人浮于事的现象后，就已经很严重了。对社会学的研究也是计划经济前进必须攻克的难题，甚至计划生育就是典型的社会科学中人口学的决策结果，也没有经过方法论式的理论认证或者是计算机模拟，完全出于竞争和政治的考量，但是仍旧谁也无法评论它的对错。所以社会科学指导的决策大部分就是无法验证的，因为根本没有具体的衡

理性人

量标准。人们可能进入被计算机统治的时代，那时候的人们不一定不幸福，中国可能超生了大量的人口，但是也带来了巨大的人口红利和中国的崛起。社会可以呈现各种样子，但是社会学要做的就是认清越来越多的分支可能呈现的种类，并且选择现在的我们可以接受的。如果我们不去研究，我们可能也就自然地接受了。旅游就是从自己已经习惯的社会到另外一个社会寻找耳目一新的感觉，而旅游永远是相对的，不同的地方都是风景。

社会学家声称他们要设计更好的社会，但是很可能根本不存在更好的社会。更多的社会学意义是服从统治需要的，可以更深入地挖掘社会潜力和可以更轻松地迫害社会而不引起反弹。有一个僵尸片的一个情节是说朝鲜在僵尸来袭的时候在 24 小时内拔光了整个国家民众的牙齿，所以全球最后只有朝鲜幸免病毒传播。社会的设计本质就是让社会准备去迎接什么，开放的社会可以迎接快速发展的经济，更高程度地参与合作，但是在面临难民的时候这个社会可能就会崩溃。没有真理往往就是社会学的真理，社会学最后往往变成野心家的工具。

中国的人口问题

科班的学生会认为人口要定量地研究，精细化到高精度的数学，不是这个专业的即使做到了很高的层次也会倾向于根据直觉和经验判断，定性地做出人口政策。

那是因为人口历来就没有鲜明正确的政策路线。

马尔萨斯学派诞生于资本主义诞生的初期，蓬勃的发现让人们像采纳社会达尔文主义一样，采纳了马尔萨斯的人口理论。他们的出发点也都是认为人是服务于生产的生产资料，而马克思的重要观点是认为人口是由生产方式决定的，超过了或者少于这个生产方式的人口容纳程度就是不合理的。人口过剩也是不科学的，所以赞成计划生育。这和新马尔萨斯学派的节制生育不同，马克思主义认为人口本身要服务于国家意志。

毛泽东继承并发扬了马克思主义，他不顾外国顾问的反对，坚持认为革命和生产能解决吃饭问题，人多就是力量。所以有了新中国成立之后的人口大爆发，中间也出现过粮食不足的时候，但是总的来说，人口快速增长给后来的改革开放带来了巨大的人口红利。

而改革开放的同时选择了计划生育，为控制人口鼓励一对夫妻一个孩子。计划生育30年，中国重启两孩政策，过猛了就猛收，收太紧了，这次就温和地放。这收放之中马克思主义的表面要求都在，也相对符合马克思人口学对生产关系和人口之间的关系要求。

现在的阶段处于资本主义高度发达的时代，中国的国退民进在2017年左右几乎达到了最高潮。人口政策也随着管制的逐步放开而放开，这段时期之后管制会逐渐增加，国进民退的现象会比较显著，而人口政策一贯会使用资本发达时代的政策，也就是两孩政策，由人们自由选择生一个还是生两个。直到国进到一定的时候，才会继续进行严格的生育控制，或者生育鼓励。

我们也可以看到，在经济高速发展了30年之后的今天，再放开二孩，很多一线城市中产阶级完全没有能力承担二孩，也不愿意养，因为他们深刻地知道一个活着的孩子对自己没有价值，一个成功的孩子才能对自己有利，而高昂长期的教育成本摆在面前，他们不可能犯傻。但是小镇地方普遍没那么排斥，普遍原因是他们的利己心不是太重，或者是有些地方的人认为孩子多才是更有利，这也是远离一线城市的特点，但是他们目前的见解也正在迅速地向一线城市看齐。有些浓厚传统文化遗留的地方仍然会趋之若鹜，例如山东和潮汕。非常富裕的精英无论什么时候都希望多生，好能够传承利用自己的资源。

　　如果经济如此持续，恐怕会出现越来越多的丁克。因为在城市里租着房子生活的夫妻会越来越多，现在的阶段人们还能够有希望攒钱买房，一直这样下去，当人们逐渐放弃了这个期望，尤其是相对好生活成长起来的新一代进入城市的时候，人们会更加努力地消费以满足自己的人生价值，而不是背负沉重的经济和时间负担。所以，在一线城市，生育率只会越来越低，而一线城市只会越来越大。所以接下来除非是减轻生育负担，否则任何的放开政策都不会对一线城市的人口现象有任何改变，反而会造成一个更加长久的人口增幅问题，就是二三线城市和乡村不需要鼓励，大部分人还是希望多生孩子。这两个社会都有严重的男权倾向，而刺激这两个社会生育的，并不是因为男人的权力太大，而是因为女人的权力太小。女人会把一生的希望都寄托在孩子身上，是女人塑造了生育倾向。所以接下来只要放宽人口，就相当于增加山东文化和潮汕文化在中国的比重，有些类似伊斯兰的生育特点和人口增幅。在长远上，用数量改变整个社会的面貌。

　　以上所说的都是人口的现象。既然马克思主义认为人口的多少没有绝对的衡量标准，他也不会想到如今的科技水平，也就更加没有人口理论的合适解。

　　想要制定最合理的人口政策，就不是一个单独的问题。要看利于国家的是经济发展还是文化征服，还是战争征服。我一直的观点是在国际博弈存在的时候，国家过度发展经济就意味着消磨战意，虽然未来是科技战争，但是国民党手持美式武器和美国大兵手持美式武器那绝对是两种完全不同的存在。齐国就是前车之鉴，秦国的崛起就是榜样，秦国的灭亡也要引以为鉴。毕竟历史就是我们的镜子。

　　所以从国家的角度考虑，人口应该首先服从于博弈，也就是文化征服或者是战争征服，其次才是经济博弈。美国21世纪犯下的最愚蠢的错误就是为了一百年的幸福生活而没有在有能力大幅度扩张时尽可能地扩张。从百年来看，无论多大的经济利益，哪怕是几十年的GDP都比不过领土重要，因为这就是国家这种制度的最本质属性：在国家的范畴内，最大资本永远是领土。

　　如今的很多发展中国家很像一战之后的美国，大规模地发展经济，人民从上到下都是唯利是图的短视，似乎已经达成了共识——经济的发展才是国家强大的基础。这一点不假，但是只能说经济的强大是国家强大的必要条件。更重要的是军事和文化，而服从于军事和文化强大的不二方法就是大幅度地增加人口，服务于经济强大的，本质上也是大规模的人口生产（造人是生产活动，马克思的理论）。但是唯一的矛盾点是逐利的人民不愿意承担人口的负担，而更倾向于更好的生活。这就是资本生产制度下的根本矛盾：个体诉求与国家诉求之间的矛盾，而资本生产制度下，个体诉求就是集体诉求，人类第一次面对国民集体诉求与国家整体诉求互相分割的现象。大部分西方国家的做法都是鼓励生育，国家买单，但是仍然收效甚微，人们甚至都不愿意多经历怀孕的过程，于是就有了英国的一家中东难民靠一群孩子住上了别墅的政体笑话。

如今我们面临的人口危机远远不是生育率达到了史无前例的低点这个级别的危机，而是可见的未来，人们不可能放弃享受，除非能够做到再次计划生产，一定程度上废除私有，或者是巨大的经济危机让人们把希望寄托在下一代，否则大部分地区的人口颓势将无法避免地持续。不仅如此，积累下来的食利阶层也会越来越庞大，像东北的某钢铁厂一样，工作的人数还不如退休人数多。一个真正的经济社会对老人会非常残忍，因为他们已经没有了价值，只是保障他们的基本生存即可，但是一个道德社会将会给富有的老人赋予过大的权力，积累到一定的程度，一定会导致整个社会的僵化。社会资源过多地掌握在老人或者年轻人手里都不是好事。治理现代国家，最大的难题就是如何根据不同的年龄段、不同的人口比例分配不同权重的社会资源，而不使其集中。这也是人们常说的降低人口生育率容易，想要再次鼓励就几乎没有成功案例。

如果你是一个外星人，你要选择一个国家生存，你会选择一个年轻人很多、食利阶层很少的国家还是一个充满了食利阶层、你去了就要负担养活一个食利阶层的国家生活？

城市

我们现在一般讨论经济的时候，嘴里都是几个特大城市，现在是城市群了。这从事实上说明了创新大都在人口集中的地方，集中有两种方式：多个城市的分散集中，超级大城市的集中。印度、韩国、巴西都是一个大城市吸引了国家大部分的人力和财力，几乎所有的创新都在超级城市中出现。而美国的首都不在纽约而在华盛顿，就是在华盛顿还是一片荒凉的时候定都的，如果那时定在已经发达的纽约，纽约必将成为世界上最超级的城市。德国各个城市之间分布均衡，超级城市没有虹吸周围的中小城市资源，贫富差距也不大，反而柏林是 GDP 相对差很多的地方。中国也面临着市场化后人口和资源快速向几个超级城市集中的现象，并且希望有方法解决这个问题。

这确实是一个普遍存在的现象，就是超大城市的集中问题。而德国为何能很好地解决，类似文明风格的日本也没能解决，这里面就有了深层次的原因。

从每一个人的角度出发，大家迁徙几乎都是为了利益，有的是躲避战争的，有的是追求更好生活的，和平年代的大城市则大都是以为了追求更好地生活为目的的。无论是想要去大城市打工赚钱的，还是就想在大城市安家的，人们在选择去哪里的时候，第一影响因素永远都是哪里有机会，尤其是在当前的专业化程度不高的情况，大部分人都是做什么都可以，那么通常的目标就是能够提供更多的房地产中介、文

理性人

员或者是一些稍微需要一些专业素质但是又没有专业门槛的这种机会相对集中的地方，这种地方几乎一定是最大的几个城市，越大的城市这种门槛较低但是有可能更富裕的机会就越多，人们就越倾向于前往，然后在一个行业扎根，变成了专业人士后大部分人也就熟悉了这个城市，在这个城市积累了资源，去其他城市的成本就很高了。而如果是一个充分教育的国家，每个人都受过相当高质量的教育，以至于人们在选择工作的时候，专业职业机会而不是赚钱机会是最重要的考量，或者说在换工作的时候，仍旧是专业职业机会，而不是社会资源是第一考量因素的时候，专业职业人士就相对更容易去其他的城市。

　　但是社会已经在低层次的教育系统停留很久的情况下，城市结构就会固化，超大城市已经形成，即使是专业职业工作者也只能选择更多专业职业机会的超大城市，并且由于超大城市已经形成，大量的专业职业人士本身就是超大城市的本地人，就更没有去其他地方的动力，这就是首尔和东京的情况。德国的情况就是长期分裂形成的历史城市群，而后面的教育科研等资源又是全国分散，国内交通发达，换句话说，本该集中化的早期阶段变成了各个城市竞争的早期阶段，因为人们心中没有谁是北上广的概念，也就难以形成北上广的优势。德国全国受教育程度自建国起就很高，各地各城市会迅速抹平差距，再加上是自由国家，政治寻租本身不是巨大的经济资源，待到德国职业人员非常多的时候，就是百家争鸣的情况。意大利的情况也很类似，直到近代还是由无数个有着悠久历史的城市和小型共和国组成的松散民族，各个区域都有自己的向心力，并且长期的分裂导致城市之间的分工定位已然形成。16世纪末南部的那不勒斯的人口是威尼斯的2倍，比罗马、佛罗伦萨等都多出很多倍，是无可置疑的意大利南部中心，然而它和北部是从属不同的国家，所以北部已然可以形成自己的大型城市，没有像南部一样整个南部的资源都向那不勒斯集中。

根本上，你之所以成为这样，是因为你开始的时候恰好是这样了。而已经成为了这样，想要治理，那就得知道你是怎么变成这样的。有历史包袱的国家就相对更难以改变，例如想要让一些传统国家变更现在的首都，大部分人都会从心底认为会丢了根，但是不会说出来而已，反而会拿一堆其他的理由出来说。这种级别的大事，中国自古就知道是动摇国本的事情，要否定它总是有永远听不完的理由的。

在教育水平普遍职业化的情况下，超大城市和分散的多个大城市对于创新的影响几乎可以忽略不计了，因为一个国家内的政治环境总是趋近的。但是有的城市为了发展自己，例如武汉的光谷为了发展信息安全，成立专门基金和扶植政策，就造成某个行业的聚集效应。尤其是脑力劳动，现代的创新一般都是脑力劳动的表现，而脑力劳动在职业化聚集的地方确实是更容易取得突破的，因为专一，所以能发挥更大的效率，例如好莱坞、硅谷等都是成功的典型代表。在分散化的城市结构里，分工已经不是人与人之间的关系了，更多的是城市与城市之间的关系。如果做不到城市分工，则必然要兼容并包，直到非常的大型城市才能发挥各个行业的聚集效果，于是超大城市就出现了，所以本质上超大城市问题是

分工城市群失败的发展结果，或者说是没有往分工城市群的
方向引导，而是出现了问题在想解决方法，如果认为超大城
市是问题的话。所以治理超大城市问题，如果认为它是个问
题，就得从城市分工的思路下手，做行业迁移，而不是人口
迁移和工厂这种横向分类迁移。从人口下手，出去多少最后
还是会回来多少，因为产生需求的起源从来都还留在城市。
城市之间形成分工网，不同的城市才能吸引不同的人才，而
不是迁出去的又悄悄地回来了。

　　人们聚在一起从个体看为了利益，从集体看为了效率。
城市如果要为创新服务也就必须满足这些条件。我们看到深
圳房价涨幅，人才不但没有减少，反而增加，人们不但创新
能力没有被透支，反而越加猛烈。这背后的主要原因就是高
房价本身就是很多年轻人奋斗的动力，也同时是奋斗失败的
能力欠缺者的逐客令。一个一直有紧迫感的地方才能鞭策生
性懒惰的人民，这是人类的本性，一些发达城市生活气息浓
厚同样也就代表了人们将更多的精力放在生活而不是创新。
但是等到专业教育的水平再提高一些，情况就又会不同，人
们奋斗的动力普遍来自自身的兴趣的时候，高房价就是创新
的阻碍，就算是既得利益的企业主也会将企业迁移，因为他
更多的是想要做企业，而不是要名声。这个阶段就是国家工
匠精神开始成熟的时候。

　　但是日本的大东京做法却没有采用城市分工的另类解决
方案，完全通过城市治理技术上的碾压使得本有的大城市问
题变得不成问题。东京的人口密度比北京还高很多，却不
堵车，高楼大厦也非常少，并且几乎没有污染，城市干净得

让人叹为观止。解决大城市房价、空气和交通问题有从上而下的让它变小或者是不改变城市规模的前提下治理出现的问题。日本选择了后者，东京周边三县是东京的统一整体，配合极其发达的公共交通网络和对私家车的排挤，更重要的是日本国民拥有世界顶级的国民素质，日本成功地解决了这个问题。然而这个问题能够解决有时候反而是缺点，例如在战时或者国家不稳定的时候，公共交通的恶意破坏或者对外交通出现安全问题，都会成为超大型城市灾难的源泉，所以如果特别重视安全问题，城市就应该倾向于分散分工。理论上，在对抗核打击的时候没有连在一块的城市群是性价比最高的。因为在同一个防空体系的覆盖下，单个核弹没有防御住并不会造成整个区域的覆亡，同时还能发挥城市群分工合作的有机整体，并且可以使有限的防御系统尽可能地集中。但是能突破一个就基本上能突破多个，所以很可能也没有太大的意义。

大部分人在讨论城市的时候，孤立地以城市问题在讨论城市，任何的社会问题本质上都是人的需求问题。要解决的并不是社会问题，而是人的需求。大部分情况下，这些人的需求也都是可以利用来产生激励的动力，好的治国者，治理任何问题的出发点都是人，而不是问题和现象。

任何事情，如果缓慢发生，社会总是能够跟得上其步伐，并且随之调整的。但是如果变化太快，社会是由个体组成的网络，这个网络的演变速度往往相对很慢。像中国的改革开放之后的30年人们对新事物的接受速度之快、社会价值观变化之快，是几乎绝无仅有的。人们快速调整自己的认知来适应社会的快速变化，然而很快，变化就会趋向缓慢。快速变化带来的社会问题就会越发凸显，就像一个一直奋斗的人从来不生病，但是一闲下来就会一系列地生病一样，社会也拥有同样的属性。

大规模极其快速的城市化和人口的增长速度的极端变化给社会带来深刻影响，因为这两者是同时发生的，相辅相成。大规模城市化必然伴随着大规模的农民进城，同时大学教育体系开始大规模地向城市输出年轻的人才。所以其初期的显著特点是一批年轻人快速发家致富、一批已经掌握权力的快速占据有利地位、一批敢闯敢做的快速变成土豪，同时绝大多数的大学毕业生晋升为中产阶级，进城的农民家庭生活水平改善，视野提高。

靠敢闯敢做首先发达起来的土豪阶层会快速从城市有钱阶层消失，他们或者出国破产、或者创业破产、或者消费破产，游戏规则很快只允许受过高等教育的人参与。两个最重要、人口占绝大多数的群体，新晋中产阶级和生活条件改善了的农民会成为影响社会的主要力量。中产阶级掌握城市，新农民掌握农村。在这个过程中，几乎所有的中产阶级都是靠自己的拼搏实现了小康，也几乎是大部分中产阶级也是靠全家人的支持买上了房子，也大部分都听说或者亲身经历了亲兄弟姐妹之间如何争夺父母有限的财产，也几乎所有的中产阶级都对亲戚失去了感情、对人与人之间的道德失去了信心，但是也明显地看到经济的快速发展让每一个人生活得更好，医疗条件和受教育程度更好。这一切都是由于快速的城市化导致的剧烈的竞争压力，并且由于受教育的普遍性，大部分都抱着成为城市人就翻身了的心态在近乎不择手段地希望在竞争中生存。奋斗者见识了世界的残忍、人们的残忍、人性的脆弱，以非常快的速度变得理性和功利主义。对于这些人，在生育上，大部分人会选择只生一个，因为他们的经验告诉他，孩子多了反而更可能不养育他们，集中精力养一个可以养好，孩子可以出头，我们家庭就可以进一步在城市竞争中向上游前进，发展到后期就更多的是从个人享乐的角度出发，认为不应该要多个孩子。换句话说，这一代的中产阶级都贯彻了他们的残酷竞争思想，并把它应用在孩子的教育和孩子的生育上，而不是像高晓松去到北欧的时候被两个孩子毫不功利地选择自己喜欢的专业而震惊。并且由于这一代人都是从农村过来的，对农村也有相当大的影响力，导致农村也迅速地在这种大事决策上价值观驱动。这对社会带来的巨大影响是人口几乎没有可能在下一代人的时间内提升，几十年的大规模人口下滑和老龄化不可避免。同时由于家长的普遍奋斗精神和功利主义，会导致孩子深受影响，但是这个影响在社会整体看应该是回归事实的反面，家长大多会被孩子当作反面教材，因为物理上，下一代的孩子普遍相对富裕，并不热衷于追求出头，更多的是对生活的追求和娱乐主义，首创的一代更容易理解孩子未来的生活创新，也就是我们所谓的出格。但是孩子看上一代也会像这一代人看上一代一样造成严重的价值观撕裂，社会创新的方式将会发生根本性的变化。如果说我们给社会带来的是快速抹平社会需求、紧跟世界创新步伐，下一代则不倾向于提供更便捷周到的社会服务，而是更加个性与深刻的革新或者是停滞。

第四章　国家集体

第一节　集体的战争博弈

国家是集体的一种，两者在现在看来没有明显的界限。现在也存在很多不是国家的集体，但是本书主要关心的都是文明级别的集体，所以到了现代自然演变成了国家。通过很多现象可以窥探本质，集体在国家的范围内从不同的视角表现出来的现象就可以生动地刻画国家的概念。

冷兵器战场

我们思考冷兵器时代两军对阵时候的战斗胜负，这也就是古代的兵法主要研究的东西。

排兵布阵的目的在哪里呢？

战场上，不是人在打，而是势在打。势起的时候，1万人可以打 10 万人，势退的时候 10 万人也打不过 1 万人。士兵之间的格斗素质差距远远没有那么大，武器装备差距也不是战场的主要因素。布阵的目的就是为了做不容易崩溃的势，并且让对手崩溃。机动性能够更快速地投递兵力，从而可以任意地塑造己方的势。

前面几百个人（例如秦的陷阵营）死命地冲锋，后面的人士气就高涨，一起冲锋。前面的几百人被打残后退，很可能造成后面的雪崩式的后退。古人都明白这个道理，所以先锋头阵是最重要的决战力量，甚至开打之前主将先厮杀一番。像吕布一人连挑对手好几个将领后掩兵冲杀，几乎没有军队可以扛得住。

历史上，李世民的骑兵、项羽的骑兵、清朝的骑兵、蒙古的骑兵都是出名的以少胜多的军队。然而高度的机动性并不是他们获胜的核心法宝，否则四川白耳兵也不能对清朝铁骑仍不落下风。关宁铁骑拥有一样的机动能力，但是在清朝八旗面前仍然不堪一击。骑兵之所以厉害，在于速度可以带来势，把对手方从中路截断，首尾不顾，前后掩杀，士兵的士气必然崩溃，这是人的本性。要向前必须要没有后顾之忧，瞻前顾后地战斗力都会下降，然而前方顶住，后方截住的一方，即使人在少数，但是专心面向一方，所以势必高涨。

冷兵器时代的近身肉搏的核心就是立势和破势。一鼓作气，再而衰，三而竭也是同样的道理。阵法也都是同样的道理。军队不怕死伤，怕崩溃，这也是西方的战阵，一字排开，即使人少，但是能够大量斩杀敌人，但是只要有一处崩溃，整个战线就完了。

理性人

　　罗马方阵所向披靡的内部原因也正是将集体的势分散为单位的势，如此部分的崩溃不会导致整体的崩溃，并且可以互相策应。但是如果罗马方阵遇到了更大规模的同时代的中国的几万人结成的大阵，则是万万没有胜算的。因为他反而更容易被截断包围和各个击破，但是却在对抗蛮人的时候极其强大，因为蛮人不会去截断穿插，只是一根筋地扑上来，这种对手反而容易冲破中国式的大阵。所以兵无常势，互相克制，不变的是势的内部作用。

　　古代的战争，大部分都不是真正交锋时候战死的，大都是崩溃的时候被追杀或者互相践踏而死的。所有的以少克多都是如此。

　　几种典型的可以让对手方势崩溃的方式是：背后包抄、包围、小战屡胜、扰乱军心、断绝粮草、斩首敌将、内部叛乱、局部优势、心理攻势等。几乎所有的兵法都是利用这些基本原理分割包抄夺气制胜的。少数的战争，涉及两军的绝对精锐的对决。

　　军事训练主要训练的是一个抵抗势崩溃的能力。士气高昂的部队，不会有撤退，即使队友都倒下我也坚持战斗。这种情况在军队经常见到，势的崩溃在这里起的作用就不大了。这种是极限战，古代的各个特种兵大都灭亡于极限战，战至一个不剩。这时候，军事装备和人数、单兵作战能力就尤其重要，例如白耳兵、北府兵、玄甲军等。

现代热兵器战争

　　到了近代，作战几乎不会大规模兵团近身战斗，所以势不是特别重要，武器装备的重要性日益重要。现在几乎已经成了装备就是一切，但是斩首行动、扰乱军心等从古至今没有变的元素依然是当今军队的制胜原理。

希特勒德国的闪电战给现代战争上了生动一课，就连至今看来都无懈可击的马其诺防线也被使用同样的思路突破，这个思路就是迂回包抄、分割歼灭。现代的军队动员和组织能力极强，只要有后备军，军队打到一定程度只要撤下前线，就可以快速补充人员和武器。这就是部队的建制还在，但是如果部队被歼灭，部队的建制就消失了，部队没有传承就没有历史，就没有让大家引以为自豪的经历和经验的传承。

希特勒过分地认为依靠战场的胜利可以取得战争的最后胜利，但是着实在战略上失败，战斗机主要发展的是战场支援的战斗机，而没有发展战略轰炸机。擅长战争的人容易迷信战争。

围歼是现代均势战斗制胜的唯一办法，不断地向后压缩对手方的生存空间在对方缓冲区很大的时候几乎是在自杀，因为自己的补给线反而会面临更加严肃的安全问题。二战的德国攻打苏联就是如此。

现代战争也是靠机动围歼消灭有生敌人，但是最关键的，依旧是补给线。因为现代战斗的特点是战斗的装备损耗和人员损耗非常剧烈，需要快速补充，否则就会被高度机动的对手穿插突破，造成整个战线上的崩溃。战线就像大坝一样，一个地方被突破，如果堵得不及时就会一泻千里，因为整个战线的撤退一定会造成组成和装备的剧烈降低，而缺口没有堵上，突破一方就可以容易地持续突破未成建制的混乱战斗力。这有一些类似古代阵法的对战，阵型一旦破了，很大概率就面临崩溃。

所以可以想到，战争直取首都的做法可以用小部队的极度冒险换来大战略上的突破。因为为了封锁突出的部队和首都的安全，对手方一定会部署远远超于需要的武力，甚至直接放弃前线，给了对手方非常多的分割围歼的机会。但是这支突出的军队可能要面临巨大的压力，这就是现代意义的前锋或者说是陷阵营。

现代战争整个前线是一整个大阵，破这个大阵的思路和冷兵器的阵型几乎一样。这是由于通信技术的进步，使得战场的广度和规模都成比例地扩大，战争不止限于在一个小型地区战场的局部战争，通常是整个前线协作的统一战线战争。如果出现了实力的差距，例如美军和伊拉克的战争，美军可以直接放弃电子战而斩首和全面瘫痪，这就是一种正面阵型的全面压制战争，可以说是完全靠实力而不是靠战略布局取得的战斗胜利。但是本质上也是一种打烂部署而不是打败军队的做法，部署混乱和斩首都是对对方阵型的最有效的打击。

而现代的战争，战斗往往是次要的，战略越来越重要。如果说慈禧没有意识到，蒋介石就有一些迷信了。他对外交的重视在现代是正确的，但是在当时还远远没有达到这个国际环境，就像一个产品出来的时间早了，市场没有成熟也一样会失败一样。

现代的国与国之间的极限战争，资源、外交和工业生产能力才是最重要的。资源和工业能力是支撑前线快速补给和投递的最关键的内容，现代战争战机来得非常快去得非常快，而打法反而相对固定，因为都是分割围歼或者是普通的阵地战，快速补充的能力反而成了机动的核心，大家都知道要机动，但是不是所有人的机动能力都是一样的。古代的中国也都知道中国缺少战马，对抗骑兵最后就逐渐变成了纯粹的城池防守。战争中，守方最终一定守不住，因为守不可能全面考虑各种情况快速填补，而攻方只要发现守方的一个漏洞就可以快速将守方击溃。

外交几乎可以从战略层面决定战争的胜利，即使你只有500个士兵，对手有5万个，对手也不敢打你。上战伐谋，次伐其交，这是冷兵器时代一国要攻击另外一国的策略，但是在现代的国际环境，由于通信技术的迅猛发展，对一个小国的冒犯可能就会招来千里之外的大国的惩罚，国家想要达到自己的目的，上战要首先伐交，甚至一个国家的建立，没有外交承认都不成为国家。

即使一国有强大的武力，大到可以消灭任何一个对手大国，他也只能称霸，而不能统一。古代中国和欧洲经历了很多唇亡齿寒的例子，互相牵制在欧洲成功了，但是在中国总是有人能够横扫六合。所以均势不一定是不可能的，也不一定是永久可能的。但是通信技术高度发达的今天，每个国家都会高速地理性决断，从而阻止了任何的吞并战争。这种情况仅发生在霸权或者寡头的时代，类似中国的春秋战国和欧洲，但是历史证明这种时代不会长久，原因就在于大家都会逐渐认识到上战伐交的道理。如果要吞并一个小国，必须要制造充足的理由，如果要均势战争，必须要拉足够的盟友。即使吞并了大片的土地，在持续的战斗中，吞并的土地越多，负担反而会越重。因为吞并是一个长期的消化过程，而战争是一个短期过程，毕竟希特勒直到二战末期才能使用法国本土的生产能力。战争期间把一个国家变成朋友比吞并反而更有利，而现在的吞并战争非常容易演变为均势战争，所以即使在吞并战争的时候，外交都是第一位的。

未来超热兵器战争

未来的战场上可能是几十万架无人机在战斗、几百万的机器人在战斗，导弹与反导系统在天空就已经决出了第一轮的胜负，海军可以在开战几分钟互相全部击沉，核弹中子弹可以瞬间消灭大部分的陆军和生产能力。

所有人都设想过这种战争场面，而且任何一个国家在正规作战撑不住的时候都一定会采用这种极限方法，也很有可能在战争的一开始就采用，甚至通过和平时期的食物、药物控制等来达到灭亡整个民族的目的。但是极限战争有个重要的问题就是对手方和己方的生产能力可以瞬间被毁灭，弹药的消耗速度远远超过于生产能力，所以仿佛是战争一开始就会结束，但是实际上战争将比二战更加痛苦，因为战争之后参战方必定是大量的无人区，反而会刺激劣势方向地下发展。人类的求生本能是非常恐怖的，陆地如果被大面积毁灭，剩余的陆地也不可能安全，人们只能被逼迫向下发展，并且人类可以向下，人类就会向下，发现地下文明也有可能，通过毁灭地球的方式毁灭对手也完全是有可能的。更多的是向下发展出新的文明，严格地控制人口，并且再也不愿意到地面上去。说不定地下已经存在了这种经历的种族。

　　一件事情只要有可能在时间的长河中就一定会发生，但是即使发生了，互相之间也不能立即毁灭，重要的是所有的对手都能看见这种冲突的可能性，所以都会准备核避难场所或者是极限情况下的紧急隔离场所，平壤的地铁、俄罗斯的能容纳上千万人的核指挥部等都是这种情况的反映，并且继续指挥自动化的武器进行战斗。中子通信、量子通信都是不受干扰的，这些配套的控制技术也一定会持续地发展，目前还没有人准备好，或者是即使有某个国家准备好了，但是因为时机不到它丧失了先机。美国发展出核武器就是典型的案例，如果在其他人都没有的时候，美国要使用核武器侵略全世界都可以。

　　也就是说超热兵器战争下不是人的战争，坚持下来的也不是人的团结，而是纯粹的科技的较量。很有可能出现春秋时期的较量战争，战争的根本目的不是为了毁灭国家，而是解决国际问题，各个国家签署一个合理的暴力协议，每个国家都得遵守，一方较量失败就自动遵守国际协定，相当于法律发展之前的决斗行为。人们将各自的武器拉出来，互相对战决出胜负来决定国际关系，战争比拼的是通信能力和科技能力。激光武器、天空武器、气象武器、地震武器、中子弹、基因武器等高新武器会用在最终的极限战争里，如果有一方幸存，很可能彻底终止这种武器的研究，但是很大概率是两败俱伤的局面，那么必然有国家逃脱战火，例如南非、新西兰等偏远但是又有现代化积累的国家，会很高概率重新整合陆地的全世界。

　　普通的科技较量战争，将会是自动化机器人和无人机、无人潜艇等之间的战争，一旦一方失去了对抗的能力，只能投降，因为发展到那个时候没人能面对无法计量数目的无人杀人武器，同样的科幻电影里的人工智能掌握世界也是完全有可能发生的高概率事件。

如果世界不进入科技较量式的战争，世界就会各方克制，从而一旦爆发战争就是毁灭性的，各方克制时间越久，互相之间的隔阂也会越大，冷战就会继续到来。没有人练习过怎么战争、没有人知道怎么战争，克制本质上相当于由于害怕刺破已经到来了的房地产泡沫所以继续吹大。

局部冲突，例如俄罗斯和美国在中东的局部战争，都是大国对抗小国的常规战争，或者是代理人战争，战争目的从来不是拥有先进武器的民族性的极限战争，容易为各方的军事工业谋取更多的发展优先权，但是对于极限战争的战术与战略没有什么好处。超热兵器战争的结果和形式没人能具体地设想，一秒钟的差距很可能就彻底不一样，这种时候开拓外星球殖民空间就有了比较重要的意义。很高概率的，有些国家会在其他国家不知情的情况下殖民某个星球，造成事实意义上的占领。

第二节　　国家现象

文明

　　埃及、两河流域，欧洲方面的文明发展分析的著作汗牛充栋，这里就不再过多阐述。布罗代尔在地中海里面分析了各种地形对社会形成的影响，然而大部分重心都是在地中海，而地中海是一片平原处于少量的地方，但是在中国情况又差别很大。

　　地中海的平原地区如果不经过开垦就会变为沼泽，开垦涉及到巨大的水利建设，平原确实存在，但是在平原生存的代价由于水利的负担却是很大，所以地中海不是平原文化，而是一个一个孤立的城堡，领主、封建和城邦的组织方式最适合这种地形。而中国的关中平原、华北平原和江淮、川西地区是中华文明的典型代表区域，这些区域的显著特点是大河配大平原，也就是说水利不成问题。所以中国这片土地上也只会产生超级大国，不可能长久地分裂。但是也有一个局限性就是这种环境下产生的文明，只能向同样或者类似环境的地区扩张，遇到高山、沙漠、草原，这个文明的扩张就会戛然而止，比较弱的山区文化例如西南地区从地缘种类看来，最后也一定是汉族胜出。而山地文明和森林文明的缺陷就是积累不下来实施大规模统治的技术，其文明的弱势地位注定是导致生产力逐渐落后的，比起高原和沙漠，又相对容易被征服，虽然也很难。

美洲文明也有类似的特点，地理对文明的种类和分布，甚至发展速度都有巨大的影响。美洲的显著特点有两个：没有马，南北植物种类相差很大。美洲的地缘特殊性在于其早期的时候太过富有，像非洲人不用耕作就有大量的果子吃一样，非常少量的人口来到美洲，由于美洲的富有就巨量指数级地繁殖，美洲人口都是 O 型血就证明了其祖先必定是很少的一群人。由于是后进入的种族，当地的动物都对人类没有任何的抵抗力，所以丰富的哺乳动物出现了大批量的灭绝。就像后来西班牙人来灭绝美洲人一样。所以美洲文化初期必定是疯狂扩张的向外走的文明，就像早期的华夏向周边扩张一样。但是有一个显著的区别是华夏的初期领土扩张的过程本身是寻找土地，而美洲的初期扩张的目的是寻找可以直接吃的动物和植物。所以美洲的前期文明发展速度必定非常快速，人类在欧亚大陆上几百万年才诞生了帝国，到了美洲，很可能几百年就可以做到。

所以，世界上必然有那么一段时间，美洲是世界上最发达的地区，甚至当时的中国还没有进入夏朝，美洲可能就存在大型帝国。但是指数的人口繁殖导致的随之而来的食物危机，导致了大批量的人口灭绝，甚至比西班牙导致的美洲人口灭绝还要惨烈。

美洲人开始了农业。但是他们的农业开始的条件是周边的生存下来的部落都和他们是类似的科技树，残酷的互相消

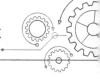

耗的灭绝式的内部战争不可避免。最后残留在美洲大地上的是零零散散的互相隔绝很远的部落，并且美洲的动物发生了大批量的灭绝，没有马，帝国不能发展到很远的地方，这就注定了美洲不可能再次出现一统北美的大帝国。冶铁术需要一系列的配套技术，靠一个孤立的文明不可能发展出来，必须要文明或者说国家之间交互博弈才能产生，这个可以用封建制或者领主制解决。但是最重要的一点是铁矿。世界各地都是先使用陨铁进行冶铁的，而后才去寻找铁矿，没有陨铁让人们直接看到这个东西的用途，人们是不会莫名其妙地去寻找铁矿的。而冶铁出现的前提是炼铜，因为炼铜术更容易一些，而炼铜的前提是烧陶。科技树都是一步一步走下来的。任何一步缺失都可能导致整个科技树断开。由于缺少马匹，美洲各个离散的部落在向周围扩张的时候，只要遇到部落就会迅速同化，同化的世界是没有做这种技术创新的动力的，直到达到帝国没有马匹的情况下所能统治的边界。

换句话说，美洲没有产生铁器，没有使用牛来耕地的根本原因可能是帝国治理能力过度强大，而这个强大的根本起源是他们初期进入美洲时候的快速膨胀，为他们积累了治理庞大帝国的经验。这种经验就像中国的古代帝国一样，几乎完全扼杀了革命性的新技术的出现，即使出现了火药，也会被主要用在烟花上。并不是美洲发展得太慢，而是美洲前期发展得太快，一如中国在早期对西方的遥遥领先。这种发展轨迹也不一定就是彻底僵化，而是这种轨迹需要在这个分裂帝国的形态停留的时间比较长。如果世界再给美洲几千年的时间，或者稍稍提示他们一下公司这种社会模式创新，他们可能一样会扩张，再次产生大帝国，使用铁器是大概率事件，由于没有马，想要统治更广阔的空间，就需要更先进的技术，说不定更能激励美洲人的文明快速进步。也就是说再过两千年的隔离发展，说不定美洲的科技文明比其他文明都要先进。在历史的长河中，长期闭塞的美洲只落后了欧亚大陆5000年本身就是一个奇迹。很有可能他们几百万年间都是只落后了欧亚大陆16世纪时候的5000年的水平。之所以长期不进步，雨林文明从来不离开雨林，印加文明也从来不进入雨林，一如中国的扩张边界情况，没有牛作为农耕工具，农业只能依靠奴隶，在奴隶制度无法再适应农业技术发展，甚至抑制了发展时，就会导致轮子都不会发明，奴隶制度的废除在时间的长河中是必然事件，但是奴隶制的保存在美洲的生存环境下却是必然现象。人类只有在温饱的情况下才能去思考理想。

我们从分散的群落发展而来，互相融合兼并同化，还好世界很大，我们现在还没能融合成一个。但是这个趋势是从来不变的，那就是同一。也正是这个不可改变的趋势和现实格局的矛盾构成了当今世界最大的矛盾：文明之间的矛盾。是一个争取在兼并之后谁占地位更多的矛盾，是根本性的不可让渡的矛盾。

国家在为了国家理由对决的同时，大的文明基调会越来越重要。把国际冲突限制在国家利益层面会使得国际关系有更多的回转余地，这也是美国一直在做的。而一旦发展成了全面的文明冲突，就相当于雅利安与斯拉夫你死我活的种族战争，将是全面的、血腥的、不留余地的。

所以，当前最明智的国际关系处理原则有两种：阻止文明冲突以延缓世界发展；找到世界都能接受的文明融合方向。第一种显然不明智不长久，但第二种又非常非常难。所以，在没有更好的第二种的执行方案前，第一种就是理性博弈国家的最高方针。

比如西方理解的谈判是互相让步的互惠过程，而东方理解的谈判是拖延时间、表达看法，为其他更实际的手段服务的形式。所以东方不是在谈判，要么是大幅度的忍让，要么是一点儿不让，他们不会设计出复杂的谈判结果。就算有了，也不会去遵守。他们深信，利益要靠鲜血和其他利益来交换，嘴上从来得不到。

随着东西方的互相了解，东方也逐渐不认为见面抱一下是无理的，西方也越来越可以接受握手，谈判时候互相也都知道对方的逻辑，这将会逐渐形成能够适应双方的模式，当然不止是双方。多方文明在交涉的过程中都会在一部分互相理解，另外的各自强化。文明的发展过程中不只是国家一个交互方式，还出现过部落、城市、封建、朝代、宗教等多种组织形态。

国家概念

国家为何？马克思说国家是阶级矛盾不可调和的产物。但是这个对国家的定义，很难说服青少年。

如果国家是阶级矛盾不可调和的产物，是一个阶级统治另一个阶级的工具，那么我们的共产主义和社会主义国家人民与政府也就是水火不容的了？事实上不是这样，只是当时的以及之前的欧洲和大部分国家是这样。中国独立建国而不是加入共产国际就是先人对这个说法在一定程度上的否定。

欧洲是最早产生国家概念的，说这句话必须得解释一下什么是国家。

中国的朝代是不是？哈巴斯王朝是不是？非洲是不是？印加帝国是不是？并不是被称为国家的地方都叫作国家。国家也不是社会发展的必然阶段。国家这种组织形式是西方使用拳头带给全世界的，如果换成中国用拳头带出去的一定是蕃属与朝供。现代国家一般都有明确的立国梦想，有领海领土领空等主权因素，有人民的户口护照户籍，甚至有语言等共同决定的。在当代来说，一个国家是否成为一个国家并不取决于以上，而是根本取决于有其他的国家承认你是一个国家。

这就是国家的本质，我说你是你才是，是了之后你就得像个国家的样子。国家也并不是统治的工具，而是社会的组织形式，是社会一起朝一个方向变化的手段。

西方社会是在欧洲走出中世纪，经过教皇号召的十字军东征之后从伊斯兰教那里学习到了数字、印刷、希腊文化等基础，由当时拥有最灿烂文化的伊斯兰人促进的。这时的欧洲文化上仍然是野蛮人时代，组织上具有封建方式。所谓的法王、英王、卢森堡大公、各路伯爵侯爵等都是领地的范畴。彼时，土地与人民一样都是个人财产的一种。财产在家族继承，也可以拿来交易。公侯伯子男王帝等是这个社会组织的不同阶级的财产持有者。英王与卢森堡大公的领地属性是一样的，他们都不会称自己是国家，只会给自己管理持有的土

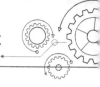

地起一个名字，比如England。所以教皇可以发动十字军战争，至于是教皇大还是King大，在欧洲也是经过相当长时间的辩论的。这是一种完全不同于现今国家的组织形式。

King就是King，不是国的王，Duke就是Duke，也不是国家的王。这是当今的人难以理解的，如果不说清楚，大家就会认为为何国王管理的不是国家，只是King拥有的领地。

在伊斯兰地区，此时连这种社会等级都没有，伊斯兰的哈里发、依马目等管理着土地和人口，教义就相当于我们现在生活的法律。波斯是一个人种，拥有自己的宗教，也有自己的老大和军队，与被征服的地区之间的关系也是微妙的，几乎不加干涉。总督也不同于现代意义的任何同类官职。非洲部落也有老大和军队，互相之间也有结盟与对抗，也抓奴隶，有的没有私产的概念，有的却有。宋元明清也从来不是一个国家，而是一个朝代。对于古代的中国人来说，中国就是世界（中国这个称呼也是近百年由日本发明的），当宋人说日本的时候，他们用的时间也是宋徽宗多少年，宋这个词语是个世界级的纪元，代表时期和朝代，不代表国家。至于领土，只有控制与不控制。清的北部边疆他自己都不知道在哪儿，只知道再往北走就是别人的了，或者是压根儿不想往北走，即使北面没有人。直接不让出海，沿海人民全部内迁，这类的指令就可以看出朝代时期对领土领海等概念的意识。

各个地区，无论是中国的朝代、中东的宗教、欧洲的领地、非洲的部落，甚至印度的种姓、美洲的阿兹台克，都是完全不同于当今所说的国家的。

典型的组织形式有基于私产的领地和朝代，基于神权的伊斯兰，基于集体权利的部落。

如果中国很早就占领了全世界，工业革命就不可能发生。工业革命是特殊环境下的特殊产物，对于欧洲来说是必然事件，对于世界来说，是偶然事件。

欧洲由于彻底的封建私产，所以对一块土地的法理拥有才是最重要的，而不是实际的占有。他们几千年来从来不能统一，是国家形成的原因，也是这种对抗的结果。也正是这种互相对抗，互相合作，使得欧洲的基本文化是博弈。如果罗马早早地统一欧洲，世界怕是不会知道国家是什么的。

博弈在集团层次就是对抗，这也是当今国家的根本组织目的。当今的国家就是一个互相承认对方为博弈方的过程。国与国之间的博弈方法有外交、军事、间谍、经济、文化影响等诸多方面。也正是这种博弈属性，使得国民一旦出生加入或者移民加入一个国家，你就得服从国家，并且与对博弈方是互斥的。

西方在工业革命的过程中，思想升华，创造的博弈和内部组织的最高级工具：国家。土地和人民不再属于国王，出现了公共服务性质的政府。国家作为一个整体不存在个人所有权，反而国家本身拥有了拥有财产的能力。

法国大革命是一个社会经过了长期积淀的自然过程，他们也不知道自己会创造什么，虽然最终创造了拿破仑，但是他们的行动让周围的如此多国家看到了，国家不一定需要主人。于是本来在贵族中通行的私有制迅速普及，欧洲皇权纷纷消失或让步，继承一个领地的事情就再也不可能发生了。因为现在土地和人民不属于任何贵族，这个不可被继承的整体就是当代的国家。

　　当他们开始航海，面对另外一个大型社会组织方式的时候，他们就自然地认为，对手方也是一个同样的国家，自己的国家所有的外交、税收、议会、选举等其他组织也应该都有。由于强权，本来没有或者完全不一样的帝国，也只能用西方的组织方式来理解或者重新组织自己的。例如中国的赋和西方的税就完全是两种不同的组织方式。只是明朝时候，由于美洲白银的大量涌入，才有了白银替代赋税的方式。但是本质上，中国从来不是人民交税维持国家运转，而是皇帝由自己需要多少向民众索取多少，如果不需要可以不索取，甚至给予。

　　清人是典型的用强势的西方世界观重新定义自己的，非洲则是被强势的西方直接强制的重新定义，划定国界，产生政府。没有所有权的政府和不从属于任何个人的人民是当代国家的最显著标志。

　　时至今日，国家概念仍没有被全盘接受，例如阿拉伯之春、伊朗，就是试图恢复其原来组织方式的尝试。国家传染性就在这里显现，你必须要尊重称自己为国家的主权，而对手方也只会认可要尊重你的国家主权。如果你是认为信仰是国家主权，像土地一样，而领海不是，那么其他主权国家就会宣称那片海是他们的主权，你就无法再进入了。所以，你也只能认为领海是主权。

　　国家概念普及的今天，就是充分博弈的时代。博弈手法仍在进化，也不会只限于国家概念。股份公司，尤其是跨国公司是一种新的并行补充的组织方式，互联网的社区、工会、社团等都是新的组织方式。这里面对当前的国家体系威胁最大的，是以合作为基础的互联网社团，而不是同样以竞争为基础的公司，或者以团结为基础的工会。

之前的各种组织形式的最大最根本的共同点是领土和共主。美国很多城市已经投票取消了城市政府。如果有一天，世界上只有一个国家，有很大的可能是集权的皇帝，但是也有一种可能是大家随时可以投票取消掉当地政府。我不交税，不养政府。我们需要军队，从全球各个军事公司临时雇用，雇用军队也不会失控到火并统一欺压民众建立统治。因为组成军队的人民已经不认为可以统治，并且一个计算机黑客或者民意可能就可以瘫痪掉这个新政府。

一个互联网社会的人居住在世界的不同角落，一个角落的人有难，可能另外一个角落的人就会雇用一支军队过去帮忙。这也是一种社会的组织方式，特点是高度信息化的，地理上离散分布的，没有具有强制统治能力的政府。

这是从当前社会发展的观察，并不是当前谁试图建立此类的组织。国家存在，大家也过得挺好，有皇帝的时候大家也不是就不能活了。社会并不是一定需要进步，何况何为进步？

国际关系的发展就是权力合法性的解释问题的不断演化。曾经占领领土就是合法、受到中国册封就是合法、有人口就是合法、属于特定家族就是合法、属于特定民族就是合法、被别人承认就是合法。现在是被别人承认才是合法，谁知道未来咋样才算合法。说不定到一个网站上注册一个？美国不是有几个人在自己家就宣布成立一个国家了吗？这就是这个概念缺失和演化的过程。

国家理由

国家集体是一步一步诞生的，集体的存在目的也是逐步转换明确的。这个国家集体的目的就是国家理由。

国家的形成首先是贵族利益、私人皇室利益，然后是国家理由。国家理由不服务于个人或者少数人，而是服务于国内的大多数人。

如果说皇室是组成集体初期可以更好地组织集体的集体机制折中，那么服务于集体内部大多数人的国家理由就是集体目的的本来面目。

我们组成一个集体，就是为了我们这个集体能够以集体大部分人长远的利益前进。这里面有几个关键的要素：集体、大部分、长远、利益。缺一不可。

就像达尔文主义的出现，让西方对其他人的迫害有了社会达尔文主义这一指导思想一样。国家理由也让国家背信弃义，在国与国之间的交往之中只考虑自身找到了无可辩驳的理论依据。我们是一个国家，我们有国家理由，我们必须服务于集体内部大部分人长远的利益，而不是外部的任何一个哪怕对我们有恩的集体或个人，也不是内部的某些个人。

所以一个现代国家，在认为出卖长期的盟友可以获得更大的利益的时候，会毫不犹豫地出卖，在牺牲某几个国民可以得到更多国民利益的时候可以毫不犹豫地牺牲个体，在牺牲全体短期利益而认为可以获得更多的长期利益的时候也会毫不犹豫地让人民短期陷入痛苦。关键是这个短期还是长期的尺度还是当权者制定的。

国家理由这种有明确定义，但是没有明确阐释的理论给了各路牛鬼蛇神发挥的空间。也正是因为如此，国家集体可以做各种反直觉的事情，都可以得到解释。不过起码上，人民有了一个相对统一的国家行为衡量准则，而这是国家得以凝聚的基础。

举两个典型的例子。美国的立国根本是民主与自由。这两个是相反的，所以美国只有两个党派，分别代表自由和民主。争来争去都是争自由多一些，还是民主多一些。美国的人民在这种环境下成长，大部分人的主要思考也都是在意民主还是在意自由。对民主和自由的追求，被明确地确定为美国存在的国家理由。美国的先贤也是很明智，确立了相对应的两个维度，而不是一个。如果是一个，将绝对不止两个。如果是两个，大家只能在两个里面争论。可以说，美国是一个最标准的现代国家概念。

中国两千年为了统治需要发展了极其强大的统治思想和文官系统，直到今天，这套系统还在运作。中国进入近代，各位上台的伟人都曾经用过自己对中国国家理由的理解解释过中国、塑造过中国。你方唱罢我登台。也正是由于大家有不同的意见，做了完全不同的事情，也正是说明了中国的国家理由在那时根本不存在，大家是在寻找。

就像一个人从小长大，直到 30 岁才会渐渐地知道自己生存的目的。有的人说一辈子都是为了孩子，那他没有孩子的时候呢？有的人会说为了事业、为了家庭而生存，他也没说当他不知道事业是什么、没有老婆孩子的时候他为啥活着。

中国从皇族理由到国家理由切换的过程中，经历了一个人成长的过程，甚至直到今天，我们也不一定说是确定了国家理由。谁能说明,我们这个集体的成立是为了什么不变的目的?是遵守什么不变的原则?

不是的，我们的集体就是变化的，我们没有明确的原则，我们会根据需求不断地变换原则。欧洲国家的国家理由逐渐转化为：公共福祉、国家利益、民族精神等。而中国的国家理由可能只有中国人才能看得明白，就是中国。

中国的历史尊严，让现代的无论何种集体，第一原则就是历史尊严。国家利益有时候让步于对传统道德的追求，公共福祉也要让步于对集体勤劳的国家强大的追求，至于民族精神也更是自由塑造的服务于国家的强大。什么是中国，不是领导人确定的，而是历史告诉我们的。这与明确目的建国的美国有很大的不同。

新的集体可以服务于理想，旧的集体只会服务于集体，顺便带着理想。

国家的内部稳态

国家有两个典型的稳态：和而不同，共同目标。和而不同是大多数国家当前的状态，国家内部个体有共同目标的国家一旦出现，这个国家对外会非常霸道和执着，并且可以做出很多外界看来非常不理性,但是本国认为理所当然的事情。

战争与对抗则是居中的转换过程，这个过程通常代价非常高昂，高昂到只要它结束了，几乎所有参与的人都不希望再来一次。民主选举的意义就是国家意识到长期的不同会导致激烈的对抗，所以使用民主选举的方式来合法地释放对抗意见带来的对抗情绪，使得国家可以一直处于和而不同的状态。但是达成这个目的的方法也有很多，言论限制、高强度的管制、宣传、塑造尽可能多的共同想象力，让大部分人处于生活条件上升期。这一切都曾经在历史上出现过，并且大部分现在也是有的国家仍然在使用的方法，这些都曾经激励一个国家的国民热爱这个国家，不产生对抗甚至内部战争。

共同目标比和而不同拥有更大的动员能力，但是也更加考验统治者的个人能力。通常达成共同目标都会伴随着舍我其谁的统治者振臂一呼或者是用高压的方法清洗掉不同意见。很多伟大的领袖喜欢共同目标作为国家稳态，一方面是满足自己的权力欲，很重要的一方面是他确实有能力指引如此强大的动员能力朝向正确的方向。

而和而不同的稳态模式更不容易失败，因为集体内部有众多的方向，一条路不行，其他的路可能就可以。在当代集权架构不是非常广泛被支持的环境下，越来越多的国家只能选择和而不同的这种最理性的解决方案。

这两种稳态之间互相转化也不难，一般的，共同目标相对更容易转向和而不同，但大家也看到了共同目标带来的巨大能动性和它们所对应的伟人的巨大能量。

在国家的内部的现代常见的公司环境，很多行业会出现垄断。和而不同存在于人民不愿意随波逐流，而在典型的互联网环境下，人们的选择快速趋同，几乎所有的细分领域最后都只能剩下一两家巨头。互联网的特性主要是因为其没有地域限制，快速地互相交换信息，就会导致某一个观点成为

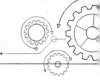

对应国家的领袖。观点，这一次变成了替代个体的统治者。当它达到一定的阈值的时候，就会造成洗脑效应。这个阈值包括存续时间和信众比例。因为在当代意见领袖的作用类似于政党，而一个流行的观点就是政党的首脑。生活中在发生着不同的事情，但是他们背后都是同样的原理。

在其他的集体环境中，例如股票下跌的时候容易踩踏，上涨的时候就容易上天，这就是一个稳态在信息充分对称情况下的快速切换过程，对抗的力量非常小，稍有胜负，可能就一败涂地（前提是政府不干预）。

国家暴力

以前的世界是没有权力这一类形而上的概念的。权力也是在一方不能够完全压制另一方的时候创造出来的，然后传播以让世界繁衍。

近代中国不是败在科技太弱，而是败在人文太强，压制了科学的发展。军队历来都有，强大如大唐的军队，也能制度压制不使反抗（安禄山时期属于文化废弛），北宋有杯酒释兵权，南宋对带兵将领的压制手段的高超更是前无古人后无来者，清朝对军队和国家的控制，直到压倒性的变革出现才显示出无力。当今的中国的国家凝聚力也应该是全世界最强的。虽然有些人心中可能仍存在不满情绪，但是没有一个中国人允许其他国家的人侮辱中国。这种不满是内部的鞭策，而不是国家崩溃的特征。

军队，历来被国家掌握，世界范围内还真是有好多时候国家不掌握军队，最后都证明了这样的愚蠢。强大如罗马，最后也被自己的雇佣军蹂躏，历史证明了，国家军队必须掌握在国家手里。那么谁代表国家？国家又代表谁？

军队最理想的状态是属于政府，而不是某个党派，如很多国家都是多党派执政。土耳其在凯末尔之后的很长时间军队都是独立于政府，不参与政府的事务，但是政府偏离路线时就出来重组政府，泰国军政府也有些类似。

军队是暴力机构，无论是否是为国家而战，有的是为个人而战，有的是为信仰而战。军队只要出场，就是解决问题的最后方法，但是强大的军事后备，可以使得军队发挥震慑作用。所以军队不但要能打，而且要看起来能打。各国都在不断地秀武器就是这个道理。

军队之间的冲突也不是固定模式的，取决于武器和战争目的。一战之所以成为绞肉机，全是因为武器杀伤力大，但是又不足够大，使得每个国家刚好可以有足够的时间动员、装备，拉锯对抗。马其诺防线就是那个时代的杰作。如果在冷兵器时代，欧洲战场几乎可以一大战定乾坤，或者是不断地小伤亡的局部战争，虽然旷日持久，但是不至于快速扩散。二战则是人类历史上最大规模的战争，高效率的杀人武器和高效率的社会制度一起配合，使得暴力不断升级，直到目前人类的最高级别原子弹。于是人类迅速冷静下来，因为大家都发现，战争变了。

继续升级，很多国家技术上不是问题，但是带来的后果却是全世界都无法承受的。国家之间的战争开始快速冷却和局限。军队，在大国对抗中，已经越来越不重要，战略核武器、无人飞机、导弹、潜艇，已经成为国家的新军队，人类已经

逐渐退出杀伤对抗。以前的战争目的有规模固定的受限的决斗式的对战，通常为了地位和资源，攻城略地为目的的国战，以消灭国家甚至民族为目的的全面战争。但是自从核武器爆炸后，战争规模迅速缩小控制，变为了规模受限的局部战争。

世界再一次回到了均衡时代的欧洲。谁都无法消灭对方，所有人必须要学会共存。上一次人类的大发展就是在这个时代产生的，这次也不例外。粒子能、地下和外太空很可能是未来博弈的关键。当然，对弱国领土的争夺仍会继续，世界还远没有到只剩下寡头的时候。按照历史的轨迹，寡头很快会均分世界的弱小，虽然现在看起来大家都是道貌岸然。

在那之后，互相的畏惧，使得战争不可能继续，但是月球和地球之间的战争仍然可以 。虽然核武器毁灭能力强大，但是足够的飞行时间仍然能够形成对抗的基础。

美国的发展为国家暴力阐述了一个新的形式，那就是和平扩张。虽然美国的扩展充满了血腥与丑恶，但是它是人类历史上第一次对大胆模式的尝试。事实上苏格兰也是如此加入英格兰的，就像康有为提出的中日合并，看起来那么不切实际，但是确实是一个伟大的社会学方向。特别声明：康有为的人品我非常鄙视，他的学说在当时也是欺世盗名，他绝不会有我今天的人类学角度。

现代社会在完成对小国的兼并之后，很可能就是纯粹的文化自我教育和经济摧毁。世界将会封闭为完全不相关的几部分，直到一部分从内部崩溃，被其他寡头继续吞并。所以未来的国家暴力依然是震慑为主，等待对手方的崩溃，然后快速蚕食。国家对抗已经变成了等，像俄罗斯那样耗不起的大国，就是巨头等待蚕食的重要对象。

国运

　　本节不是科学的，但是是理性的。它涉及一个目前不能证明和证伪的问题：运气。

　　一群人有一群人的运气，好运来了，无论出什么事你都会发现对这群人是有利的，这个时候就叫国运上升期。坏事来了，祸不单行，一段时间一直运气背，这就是国运的下降期。做人也是一样，好运坏运都是一阵一阵的。大师也是一样，成批来成批走。我们一直在经历这种神奇的现象，但是学术界一直倾向于否认它的存在。打麻将的人可能最有体会，除非是专业训练的人，否则运气这个东西无人不信。

　　本文说的就是国运。先说中国，春秋分裂开始，到汉武帝，一直上升，国家是越来越好，这是有惯性的好。之后急转直下，三国两晋南北朝那简直是黑暗料理。隋开始，快速强大，到安禄山快速到达顶峰，汉唐这两字就是这么写出来的。之后唐末到五代，又是几百年的持续黑暗，越来越黑暗。但是每次到了最暗的时候，就是快速到达最光明的时候：宋。宋是唐之后的又一个顶峰，持续时间又很短，然后持续地被海扁，到明清民国，一直到新中国成立，中国才转运了。之后，中国步入上升期，百年不到，翻着跟头地上升，目前仍在上升，国运还没有到头。

　　如果你相信国运，中国的繁荣期还没有到头。大家看看中国到底有多么好运。红军在被国民党打到延安基本肃清全国其他地方的势力的时候，抗日战争爆发了。在抗战期间共

产党领导的人民军队从十几万人发展到了两百多万。东北本来完全在俄罗斯手中，日本打走了俄罗斯之后几乎把所有的东北领土还给了中国（20世纪初），二战投降的时候，顺利地由中国接收了东北，要知道那时候苏联在东北可是有百万雄师，并且觊觎已久，虽然说他拆走了日本的几乎所有工业，但是没有拿走东北（谁的功劳不好说，大部分倾向于国际舆论，中国毕竟是盟国）。但是结果就是中国牢牢拿回了东北。西北自回乱之后，三马复起，伊斯兰势力坐大，没有形成稳定的伊斯兰政权也是中国之幸。时间也恰巧，在中国人民解放军渡江之后，印度才抽出时间来索要西藏。稍稍早几年，怕是西藏也已经纳入印度版图了。到时候西藏高原对中原形成地缘压制，中国就不可能有现在的崛起。

新中国成立后，又幸运地遇上了朝鲜战争，在老牌资本主义国家面前展现了自己的实力，彻底地树立了国际地位，至此中国才在国际上算一号人物了（记得二战欧洲只要中国民工参战的耻辱）。

但是像所有新建立的政权一样，牛鬼蛇神都希望在这片土地上实施自己的规划，尤其是很多还有外国支持。毛泽东敏锐地察觉到这一点，并通过各项引导，让中国回到思想的原点，为邓小平的再出发打下了社会基础，否则中国社会必定一放就乱，巴西、蒙古就是前车之鉴（不否认手段过激，但是目的达到）。

又幸运的是，苏联与中国产生间隙，幸运的是俄罗斯虽然在北方陈兵百万，但是没有真打，所以中国必须倒向美国，美国这个时候愿意付出非常大的价钱买中国离开苏联阵营。

理性人

中国又赌对了。

改革开放，中国只开放了出口，基本没开放进口，贸易顺差把中国火箭一般地送到了现在。国际社会也没脾气，换成是其他时候美国早怒了，恰好是美国产业升级空心化的时期，苏联刚刚解体好多烂摊子要处理。

到了近年，美国多次看到了中国的危险，要遏制，但是中东乱一下、俄罗斯搞点儿事，每次都是在关口的时候让美国有更高优先级的任务。当我看到俄罗斯占领克里米亚的时候，我就知道全世界都在帮中国。当我看到欧洲的颓废和南美的各种危机，我也知道美国有地方剪羊毛了，剪中国的意愿就更小了。各地都在从开源节流各个方面帮中国躲过美国的锋芒。中国又在最顶峰的时间选择了走出去，一反盛世而衰的轨迹，以前的盛世而衰都是因为扩张停止，所以现在真正的盛世还没有开始，国运还处于上升期。而就在此时，美国的大选又是收缩倾向的特朗普竞选胜利，这无疑对中国走出去又是利好。

以上都不是从科学的角度出发的，国运，你爱信不信。

我们看美国，从建国到现在，只要是看美国历史的都会说：god bless america。那个好运简直是挡都挡不住，几乎所有的历史都是为他准备的。国运的上升期也把国内的所有矛盾都掩盖了，能够明显地感觉到，美国现在各处救火，就像当年没落时期的荷兰、西班牙、英国一样，美国这是典型的国运下降的开始。按照历史规律，国运下降会在高危徘徊一段时间，然后迅速跌入低谷。如果国运理论没错，美国可能会出大事，甚至分裂，从另一面帮助中国继续国运的昌隆。

　　再看印度，万千小国，中间经历几次辉煌的大国，盛世而衰的规律几乎和中国一样。从摩揭到孔雀到笈多，到莫卧儿到英国，到现在的印度。印度上千年一直处于上升下降的周期过程，但是后面的每次国运上升期都是达到了比以前更高的成就，直到今天的占领几乎整个南亚次大陆。

　　从国运的角度看，未来中国的最大敌人很可能是印度。俄罗斯也是国运一直曲折上升的国家，苏联时期到达巅峰，现在处于低谷的复苏期，也是处于国运上升的时期。而整个欧洲就是被上帝抛弃的地方，他们在罗马之后在黑暗中度过了两千年，好不容易来了一个上升期，但是没有完成统一，最后寂寞地归于腐朽。单个欧洲国家也是符合国运理论的，欧洲整体也是符合的。

　　国运最惨的就是非洲了，上一次强大已经是远古时期了，但是现在也是处于上升期，但是被过度地分割，恐怕还有漫漫长路，除非能抓住美国下降的时机完成相当程度的统一，否则还是会持续被压制。

　　南美几乎被判了死刑，国运来了抓不住，本来可以在二战中雄起的中立国，却沦为了刷盘子的二流国家。从国运的角度看，有的土地是被诅咒过的，有的土地上住着神明。

　　这种冥冥之中的力量就是埋在每个国民内心深处的信仰和民族性格。我相信相由心生，也相信好人好报，我自然相信，推演到集体，集体性格能够决定国运。

丛林法则

　　美洲的王朝和中国在一定程度上是一样的，但是区别是

理 性 人

美洲与世界其他部分隔离独立发展，所以其在被发现的时候没有火器没有轮子没有马也都是很正常的事情。如果中国不发明火药和造纸术，世界上很可能永远不会有这两种东西。知识在传导的过程中才能分出好坏，换句话说在时间的长河里进步是偶然的，但是有了进步在可传导范围内传导则是必然的。当我们发现一个外星球有文明的时候，很有可能这个文明也在原始部落时代，也有可能科技和我们不在一个量级。但是和我们处于可以互有胜负的对战的情况是绝对不可能的。独立演化的社会，是完全不同的发展轨迹和发展速度，但是他们星球内部的各个国家，如果存在的话，很可能是类似的科技水平。

如果地球人类意识到这点，当他发现一个处于部落文明的星球时，人类很有可能不是征服，而是让他们不受干扰地独立演化，如此才能诞生人类的发展轨迹不可能诞生的技术和思想。因为人类本身已经遇到了世界观上的瓶颈。换个角度，我们人类很可能本身就是被观察的那个星球，外星人可能不止观察一个星球，资源可以从没有文明的星球获取，但是完全不同的发展思路是只有独立的文明才能诞生的。

因此我们可以断定，如果有外星人到过地球，他们一定不会毁灭地球，并且他们一定一直在观察地球，只有当地球对他们的存在产生威胁的时候，他们才会消灭或者改造地球，甚至改动的手法也会让人类认为是天灾，而丝毫不会意识到他们的存在。丛林法则并不是绝对正确的。

当黑暗丛林中，有人发出了信号暴露了位置，一定不会遭到立即的毁灭，而是用远高于公开者的科技能力来隔离并且观察。观察者可能会因此泄露自己的坐标给科技水平更高的观察者，但是他们知道，科技水平更高的观察者也一定不会毁灭他们，并且他们也永远没有希望超越能观察他们的人。星际之间，真正有攻击倾向的是那些星际自由的公民和刚刚进入星际旅行的文明。后者完全不可能对自己造成生存威胁，如果造成了，就来一次大洪水，让他们伤了元气，但不至于毁灭即可。不可否认，星际中一定会有以征服为目的的群体存在，但是他们在遇到高等级的观察者或者观察者的观察目标时，一定会被快速消灭。文明可以向无人的星球扩充，甚至观察者也会允许两个星球文明的融合发展，也会允许一个文明去观察另外一个文明甚至改造他的发展结果，但是观察者不会允许以毁灭为目的的行为存在。越是高等级的观察者越会明白，茫茫星球中，自己一定也是被观察的一员。丛林法则不应该是公开自己的坐标就会被消灭，而是想要消灭别人就会被消灭。在星际未知的广大范围内，世界是绝对太平的，不安全的是同样的文明扩张之后的内部关系。

这种不以个体区别而转移的理性的分析过程和结果就是阿西莫夫的心理史学。

和平

当追求和平成为主题时，世界一定处在霸权时代，有人阻挠和平才会追求和平。追求和平取得的均衡稳定，指的是主要大国接受的状态，并不是全部国家。这个状态对于少数国家一般是不公平的。

所以打破和平的均衡有三种可能：一是发生小国由于生

产力或者其他机遇变得可以挑战大国，和平就不复存在；二是集权的大国产生了野心，三是和平的均衡系统本身有大国不公平问题。没有一个大国愿意和平地交出话语权，除非是打下来的。个人集权有微弱的可能，但集体社会是万万不可能的。

每个大国内生的希望获得绝对安全，但对自己绝对的安全就意味着对其他国家绝对的不安全。博弈的国际环境只能互相压制，导致没有一个国家可以达到绝对的安全。近代美国、西班牙、英国和历史上的中国都曾获得压倒性的优势确保自身的绝对安全。但是这种对其他方的压制必然遭到他人联合的激烈崛起和反抗。

感性国家是指独裁或者集体群情激愤时的国家性格，例如革命、外交事件都可能将一个理性国家转化为感性国家。集权国家则天生是感性国家。在对待和平均衡的态度上，理性国家更容易接受和维持当前的和平均衡。感性国家即使接受也是暂时的，一有机会就会试图打破，甚至不惜战争代价。当一大国集体发生了价值观的突然变化，通常也是国际关系要大幅度发生变化的时候。

也并不是理性国家的国家性格一样，但是原理是一样的，就是本国利益的最大化。所以对欧洲的变化不容易波及到的岛国英国倾向于妥协，易受影响的奥地利倾向于寸步不让。多民族的奥匈帝国和俄罗斯也就倾向于无论何地出现动乱都出兵镇压，而不是赞同民族自决的法理。

和平同时也是战争的催化剂，人们在长久的和平里逐渐忘记了战争和恐惧的滋味。战争时期人们愿意为了和平付出

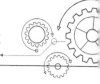

一切，但当两百年不发生战争，当代的人就会倾向于对战争这一对他们而言崭新的事物而兴奋。和平越久，野心家就越多，越没有分寸。和平越久，很多国家军队战力越低，实力对比就会发生变化，和平均衡就越不稳定。

和平有三种形态：一家独大、均衡、权衡。一家独大曾在历史上多次出现，在寡头信息对称时代，不太容易出现了；均衡是欧洲近代的策略，也基本上是当前时代的状况权衡，典型的是冷战时代和欧洲大革命时期，日本清朝时期的亚洲，建国后的中美。中东的国家，他们相处并不是有条约保护和规范，而是各国依照本国近期和长久利益最大化无原则的决策。均衡的表现形式是法律和条约，机制是平衡。

如新西兰，我们可以说他们偏安一隅，但是正是这种偏安，让他们不必经历那些痛苦。人类，并不是要把可能的相处模式都试一遍才能相处，小国寡民的方略在欧洲和现在的国际环境都不会被人理解，但在新西兰或者澳大利亚就比较容易得到认同。和平伸手就来，但又怎么也得不到。国际处于竞争期时，如果哪个大国采取小国寡民的过日子的策略（例如现代的不丹），就早晚要出局。也如春秋时期的鲁国用孔子，是万万要被秦国的韩非子淘汰的。竞争时期用竞争国体，形成竞争价值观。待全球统一后，集体采用小国寡民思想或者朝鲜的强权思想都是可以大治的，除非压迫和饥荒，否则没人会不理解和反抗。